고양이를 위한
소품 만들기

고양이를 위한 소품 만들기

김민 지음

팜파스

PROLOGUE

    책 작업을 하는 동안 세 계절이 훌쩍 지났습니다. 아기 고양이의 장난질처럼 간질간질하던 봄, 고양이의 체온만큼이나 뜨거웠던 여름, 삼색이의 얼룩덜룩한 털빛같이 그윽한 가을을 느낄 새도 없이, 고양이의 늘어진 뱃살처럼 뜨뜻한 아랫목이 그리운 겨울의 한복판에서 이 글을 씁니다.

    제 인생의 첫 고양이, 하루를 처음 만나던 날의 기억이 선명합니다. 손바닥에 쏙 들어올 정도로 작은 체구였지만 그 작은 몸에서 뿜어져 나오던 묵직한 존재감의 이상한 털북숭이. 하루를 받아 들었을 때 손바닥 가득 느껴지던 녀석의 따스한 체온은 설렘과 두려움이라는 부조화의 감정을 동시에 안겨주었습니다.

지금도 여전합니다. 처음 만났을 때처럼 녀석의 어여쁜 모습에 마음이 설레고, 녀석이 과연 '좋은' 삶을 살고 있는지 궁금합니다. 이 책은 그런 마음이 모여 만들어진 책입니다. 그들은 나의 가족이고, 나의 친구이기에 그들의 오늘이 따뜻한 봄날처럼 반짝였으면 하는 바람입니다.

녀석을 웃음짓게 하는 데 거창한 동기는 필요 없습니다. 못생긴 장난감이라도 즐거워했으면 좋겠고, 발바닥 시리지 않게 밥을 먹었으면 좋겠고, 푹신한 곳에서 편하게 낮잠을 잤으면 좋겠고, 서툴게 만든 하우스가 녀석이 애착하는 비밀 공간이 되었으면 좋겠습니다. 저마다 고양이를 대하는 자세는 다를지라도 이 책을 펼쳐 든 당신과 내가 고양이를 위한 마음은 같았으면 좋겠습니다. 만드는 수고로움 이상의 즐거움을 선물하는 달콤함을 즐길 수 있기를 바랍니다. 그런 바람에 이 책이 작은 도움이 되었으면 좋겠습니다.

책이 나오기까지 수고하신 이진아 실장님과 출판사 관계자분들께 감사한 마음을 전합니다. 뭘 해도 한결같이 응원해주는 지인들과 사랑하는 이웃분들이 있기에 힘이 납니다. 감사합니다. 그리고 집중이 필요한 시기에 베짱이 바이러스를 퍼뜨리며 게으름을 전염시킨 저의 반려인과 그 일당들, 하루와 이틀이에게 이 책을 두 손 모아 전합니다.

김민

CONTENTS

프롤로그 004

PART ►◄ 01

BASIC

BASIC 01
바느질의 도구

1 ►◄ 기본 도구 012

2 ►◄ 장식 재료와 부재료 014

3 ►◄ 원단의 종류 016

4 ►◄ 특수 재료와 보조 도구 018

5 ►◄ 이 책에 사용된 재료와 도구 구입처 019

BASIC 02
바느질의 기초

1 ►◄ 원단 손질하기 020

2 ►◄ 패턴 그리기 & 재단하기 022

3 ►◄ 기본 바느질 방법 024

4 ►◄ 바이어스 만들기와 처리하기 026

5 ►◄ 파이핑 처리하기와 큰 원 그리는 법 027

6 ►◄ 이 책에 쓰인 자수 기법 028

PART ▶◀ 02
고양이를 위한 소품

털실 폼폼 쥐돌이
032

고양이 똥꼬 캣닢 인형
038

토끼볼
044

애벌레 킥 쿠션
052

이빨 괴물 캣닢 인형
058

리넨 테이프 낚싯대
066

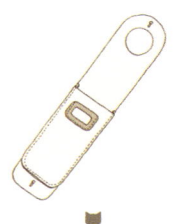

낚싯대 정리 포켓
070

바스락 와이어 햄퍼
076

자수 네임 목걸이
082

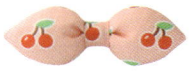

보이 & 걸 리본 타이
086

물고기 바디 필로우
094

고양이 뽕주댕 베개 쿠션
100

수납형 원목 식탁
106

심플 식탁 매트
112

워터 퐁퐁 급수기
116

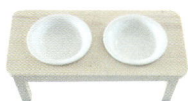
베이직 원목 식탁
120

토끼와 당근 자수 식탁매트
126

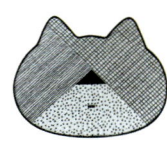
고양이 얼굴 플레이 매트
132

우산 캐노피
138

펠트 원반 캐노피
144

코너 라운딩 사각 쿠션
150

핑크 플라워 링 쿠션
156

양털 링 쿠션
162

내추럴 심플 베드 쿠션
166

체리 베딩 동굴 하우스
172

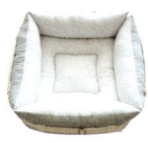
벨트 박스 쿠션
180

트릭 스퀘어 쿠션
186

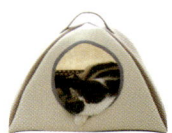
와이어 캣 텐트
194

티피 텐트
200

물방울 하우스
208

아크릴 돔 하우스
216

우주선 하우스
224

카라반 하우스
232

옐로 퍼들 원목 소파
240

면 로프 매트
246

실물 도안 252

PART ▸◂ 01

BASIC

BASIC 01

바느질의 도구

1 ▸ 기본 도구

1 일반실

손바느질에 사용하는 일반적인 실입니다. 이 외에도 손바느질 전용 퀼트실은 면섬유에 폴리에스테르가 코팅되어 꼬임이나 엉킴, 끊어짐이 덜해 튼튼한 소품을 만들 때 많이 사용됩니다. 재봉실(코아사)은 재봉틀을 이용할 때 쓰는 실입니다.

2 펠트 전용실

펠트지로 소품을 만들 때 사용하는 전용실은 일반실보다 튼튼하고 두껍습니다.

3 자수실

수를 놓거나 스티치로 포인트를 줄 때 사용합니다. 20수 6합은 20수 실 6가닥을 꼬아서 만들었다는 의미로 필요에 따라 몇 가닥만 뽑아서 사용하기도 합니다.

4 바늘

바늘 두께와 길이가 다양하므로 원단의 두께와 재질에 적합한 바늘을 선택합니다.

5 시침핀

가장 많이 사용하는 필수품으로 원단을 재단하거나 바느질할 때 임시 고정하는 용도입니다.

6 가위

다양한 가위가 있습니다. 원단을 자르는 데만 사용하는 재단용 가위와 간단한 재단 작업을 하거나 패턴 종이를 자르는 데 사용하는 다용도 가위, 끝이 뾰족한 미니 가위는 섬세한 작업에 유용하며 깔끔한 마무리 작업에 필요한 쪽가위 등이 있습니다.

7 송곳

작은 끈이나 띠를 만들 때 모서리의 각을 잡아주기 위해 사용합니다. 박음질을 할 때 원단을 잡아주거나 밀어주는 용도로도 사용합니다.

8 실뜯개

바느질이 잘못되어 바늘땀을 뜯어야 할 때나 단춧구멍을 뚫을 때도 쓰입니다.

9 원단용 펜

원단에 패턴을 그리거나 치수를 표시할 때 사용합니다. 일반적인 초크, 시간이 지나면 공기 중으로 휘발되어 사라지는 기화펜, 물을 뿌리면 지워지는 수성펜 등이 있습니다. 이 외에도 물에 번지지 않아 패턴을 그릴 때 유용한 피그먼트 펜이 있습니다.

10 다리미

완성된 작품의 다림질에는 물론 작업 도중 시접을 정리하거나 직물에 접착심지 등을 붙일 때에도 사용합니다.

11 그레이딩 자

유연성이 좋아 평행선, 직선은 물론 곡선까지 쉽게 측정할 수 있는 자입니다.
이 외에도 시접을 표시해주는 시접 자와 곡선의 사이즈를 잴 때 유용한 줄자 등이 있습니다.

2 ∙∙ 장식 재료와 부재료

1 장식 라벨
소품 제작의 마무리 단계에 라벨을 달아주면 완성도를 높일 수 있습니다. 다양한 재질과 사이즈가 있습니다.

2 장식용 단추
일반 단추, 싸개 단추 등 크기와 모양, 재질이 다양합니다. 여밈의 용도 외에 장식으로도 사용합니다.

3 장식용 폼폼볼
주로 장식을 하기 위해 사용되는 동그란 모양의 공입니다. 재질에 따라 털실, 펠트지, 레이스 등을 이용한 다양한 폼폼볼이 있습니다.

4 리넨 테이프
리넨의 튼튼한 직조감으로 만든 테이프로 장식이나 여밈 등 다양하게 사용됩니다.

5 각종 장식 끈
코튼 실을 꼬아서 만든 장식 끈, 실에 코팅을 입혀 튼튼하고 꼬임이 적은 코팅 끈, 가죽에 코팅을 입힌 가죽 끈 등, 재질이나 두께에 따라 다양한 끈의 종류가 있으며 필요에 따라 알맞은 끈을 선택합니다.

6 파이핑 끈
파이핑 안에 솜을 채워 볼륨감을 준 끈입니다. 소품의 장식이나 여밈, 연결 등에 쓰입니다.

7 바이어스 테이프
끝단을 깔끔하게 처리하는 동시에 장식 효과도 낼 수 있습니다. 바이어스는 원단을 재단하여 만들 수 있으며, 시중에 판매되는 바이어스는 접혀 있어 편리합니다.

8 웨이빙 끈
두께감이 있는 넓적한 끈으로 주로 튼튼한 가방 끈을 만들 때 많이 사용합니다.

9 파이핑
바이어스 테이프를 반으로 접고 가운데 면 로프를 넣어 만든 끈으로 주로 소품의 장식이나 포인트를 줄 때 사용됩니다. 하지만 소품의 형태를 잘 잡기 위해서도 사용됩니다.

10 마카롱 프레임
주로 동전지갑을 만들 때 사용하는 알루미늄 재질의 틀로 동전지갑 외에도 다양하게 응용이 가능합니다.

11 가방 끈 길이조절 고리
주로 웨이빙 끈이나 가방 끈에 연결하여 끈 길이를 조절하는 데 사용하는 고리로, 재질과 크기에 따라 다양한 고리가 있습니다.

12 벨크로
거친 면과 부드러운 면이 한 쌍으로 이뤄진 여밈 장치입니다.

13 뽁뽁이 마감장식
주로 팔찌 마감장식으로 쓰이며 양 끝에 난 구멍에 본드를 바르고 끈을 붙여 사용합니다. 구멍(내경) 사이즈에 맞춰 끈의 두께도 선택합니다.

14 미니 버클
끈을 버클 고리에 통과시켜 고정한 후 사용합니다.

15 D링
가방이나 다양한 소품의 연결도구로 사용합니다. 다양한 사이즈가 있으며 D링의 사이즈에 맞춰 라벨이나 테이프 등을 끼워서 사용합니다.

16 O링
D링과 같은 연결도구입니다.

17 지퍼
단추 대신 의류나 소품의 입구를 여닫는 용도로 사용합니다.

18 면 로프
다양한 두께의 면 로프가 있으며, 고양이를 위한 스크래처 외에도 파이핑을 만들 때, 가방 끈 등 여러 곳에 쓰입니다.

3. 원단의 종류

1 코튼 40수 원단

무명실(면실)로 짠 천연직물로 원단을 짤 때 들어가는 실의 굵기를 뜻하는 번수, 즉 10수, 20수, 30수 등으로 두께를 확인할 수 있습니다. 번수가 높을수록 원단의 두께가 얇아집니다. 면 40수 원단은 얇고 부드러워 이 책에서 쿠션의 솜 속 통을 만들 때 사용했습니다.

2 코튼 20수 원단

직조감이 튼튼하고 다양한 패턴 디자인의 원단이 있으며, 소품을 만들 때 주로 사용됩니다.

3 리넨 원단

아마 섬유로 만든 천연직물로 자연스럽고 질리지 않는 색과 촉감을 가지고 있습니다. 수축률의 변동이 있어 선세탁 해야 하는 등 다루기 어려운 원단이지만, 톡톡한 질감으로 많은 사람에게 사랑받고 있습니다.

4 옥스포드 원단

면 원단의 하나로 주로 20수 정도의 두께감으로 일반 면 20수보다 힘이 있고 두께가 두꺼운 원단으로 주로 커버류를 만들 때 사용합니다. 이 책에서는 쿠션이나 하우스를 만드는데 사용하였습니다.

5 캔버스 원단

면 원단의 하나로 주로 11수 정도의 두께 감으로 조직감이 굵고, 빳빳하여 튼튼한 소품을 만들 때 사용합니다.

6 방수 원단

PU 우레탄 특수 코팅 처리한 기능성 원단으로 40수 정도의 가볍고 사각거리는 질감의 원단으로 방수 기능이 뛰어나며 소품 제작 시 올이 풀리지 않아 따로 시접처리를 하지 않아도 되는 장점이 있습니다.

7 타이벡 원단

자연 친화적인 특수 소재이며 통기성, 생활방수, 내구성, 쾌적성이 좋은 원단으로 구김이 생기면 종이 같은 느낌이 나는 원단으로 다양한 곳에 사용됩니다.

8 털 원단

포근하고 부드러운 털이 붙어 있는 직물로 다양한 재질의 털 원단이 있습니다. 양면, 단면이 있으며 주로 담요나 겨울 의류를 만들 때 사용합니다.

9 하드 펠트지

유수지라고 하며 풀을 먹였기 때문에 빳빳하고 힘이 있는 펠트 원단으로 보풀의 발생이 적고 튼튼하여 다양한 소품에 많이 사용됩니다. 유수지의 반대로는 부드러운 무수지가 있습니다.

10 보풀 방지 펠트지

보풀의 발생을 최소화한 펠트지로 두껍고 튼튼하여 손길이 많이 닿는 다양한 소품에 많이 사용됩니다.

4 특수 재료와 보조 도구

1 EVA폼

EVA는 부드럽고 유연성이 뛰어나며 내부 충격에 강하고 흡수가 뛰어난 소재로 신발의 바닥에 사용되어 충격을 흡수해주는 고무를 연상하면 쉽습니다. 스펀지보다 딱딱하고, 인체에 무해하며 친환경적인 소재로 이 책에서는 주로 하우스의 프레임을 만드는 데 사용했습니다.

2 고탄성 스펀지

고탄성 스펀지는 스펀지의 탄성을 높인 것으로 일반 스펀지에 비해 강도나 탄성이 좋아 보통 소파나 방석 등에 많이 사용됩니다. 탄성과 강도, 조직 밀도에 따라 여러 종류가 있습니다.

3 공예용 코팅 와이어

공예용 철사에 비닐 코팅이 되어 있어 안전하게 사용이 가능하며 절단, 모양 변형이 쉬워 공작에 많이 쓰이는 재료입니다. 다양한 두께와 컬러가 있습니다.

4 스테인리스 강선

스테인리스로 만든 선재로 강도가 높은 선입니다. 선재의 강도(탄성)에 따라 강성, 반강성, 연성으로 나뉘며 다양한 두께가 있습니다.

5 목재용 나사못

목재와 목재를 연결하여 고정하는 데 사용됩니다.

6 드라이버

나사못을 돌려서 고정시킬 때 사용하며 십자 모양과 일자 모양이 있습니다. 전동 드라이버를 함께 구비해 놓으면 편리하게 사용 가능합니다.

7 페인트 붓

페인트나 바니쉬를 바를 때 사용합니다.

8 목공 본드

목재와 목재를 나사못으로 고정하기 전에 먼저 목공 본드를 발라주면 견고함과 안정성을 얻을 수 있습니다.

9 바니쉬

목재에 직접 바르거나 페인팅 후에 바르는 투명한 코팅 마감재입니다. 목재의 표면 강도를 높이고 스크래치로부터 보호해주며 누렇게 변색되는 현상도 막아줍니다. 광의 정도에 따라 무광, 반광, 유광으로 나뉩니다.

10 사포

목재의 거친 면이나 홈집을 매끄럽게 정리해줍니다. 사포 뒷면을 보면 80, 150, 300, 400 등의 숫자가 쓰여 있는데, 숫자가 낮을수록 사포의 표면이 거칩니다.

11 글루건

각종 소재의 재료를 접착할 수 있는 유용한 접착도구로 열로 본드를 녹인 후 필요한 부분에 발라서 사용합니다. 단 열이 발생하니 주의해서 사용하도록 합니다.

5 이 책에 사용된 재료와 도구 구입처

바느질 재료와 도구

네스홈 www.nesshome.com
선퀼트 www.sunquilt.com
천가게 storefarm.naver.com/1000gage
코튼빌 www.cottonvill.co.kr
심플소잉 www.simplesewing.co.kr

펠트와 도구

디웨이 www.dway.co.kr
태양이네 펠트 www.etaeyang.com

목공 재료와 도구

문고리닷컴 www.moongori.com
손잡이닷컴 www.sonjabee.com
THE DIY www.thediy.co.kr
HASA www.hasa.kr

아크릴 푸드 돔

고잉마트 www.goingmart.com
엠제이메이드 mjcover-and.co.kr

BASIC 02

바느질의 기초

1 ▸ 원단 손질하기

식서와 푸서, 바이어스

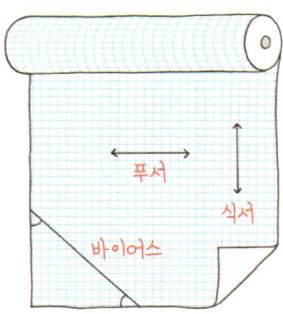

롤에 감겨 있는 원단이 풀리는 방향이 식서 방향으로, 잡아당겼을 때 잘 늘어나지 않습니다. 몇 마 단위를 가늠할 수 있는 길이 방향이기도 합니다.
푸서 방향은 원단을 구입할 때 볼 수 있는 90cm폭, 110cm폭, 대폭 등에 해당하는 폭 방향입니다.
바이어스는 식서와 푸서의 45° 각도 방향입니다. 이 방향으로는 원단이 잘 늘어나기 때문에 곡선 부분을 마무리할 때 감싸주면 깔끔해집니다.
작은 소품의 경우 식서 방향에 크게 신경 쓰지 않아도 되지만, 쿠션이나 하우스처럼 크기가 큰 소품의 경우 힘을 받는 방향과 식서 방향이 맞도록 신경 써주면 더 완성도 있는 작품을 만들 수 있습니다.

🐾 선세탁과 건조

선세탁은 원단의 제직 과정에서 붙은 불순물을 제거하고 완성 후에 원단이 수축되는 현상을 막기 위한 원단 손질 방법입니다. 리넨이나 면 같은 천연 소재 원단은 수축률이 높아 선세탁이 필수이나, 특수 원단이나 털 원단 등은 따로 선세탁의 작업 없이 작품을 만들기도 합니다.

01 원단을 구입하면 먼저 1~2시간 미지근한 물에 중성세제를 풀어 담가두었다가 손으로 조물조물 만져 원단의 불순물을 제거하고 2~3번 헹궈줍니다.

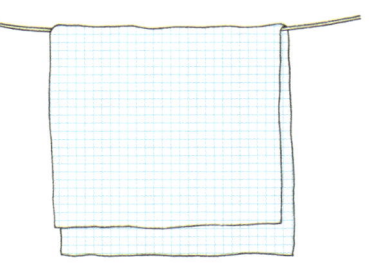

02 세탁한 원단은 반듯하게 펴고 직사광선을 피해 건조합니다.

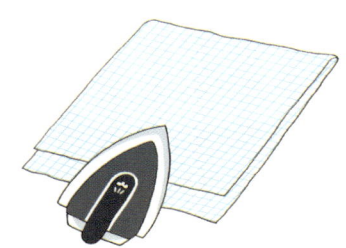

03 선세탁한 원단이 완전히 마르기 전에 다림질합니다. 날실과 씨실이 직각으로 교차하도록 올을 바로잡아 다림질해야 완성도를 높이고 변형을 막을 수 있습니다.

2 · 패턴 그리기 & 재단하기

🐱 일반 재단

원단에 완성선과 시접선을 그리고 자르는 과정을 재단이라고 합니다. 완성선은 바느질이 되는 선으로 완성했을 때의 모양을 의미합니다. 시접선은 완성선에서 1cm 정도 바깥의 선으로 이 선을 따라 재단합니다.

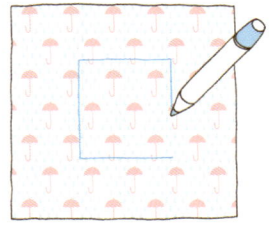  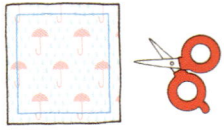

01 원단의 안쪽에 초크나 수성펜으로 완성선을 그립니다.

02 필요한 시접 분량만큼 시접을 두어 시접선을 그립니다.

03 시접선을 따라 자릅니다.

🐱 패턴 재단

특별한 모양이 있는 경우 패턴을 사용하면 편리합니다.

 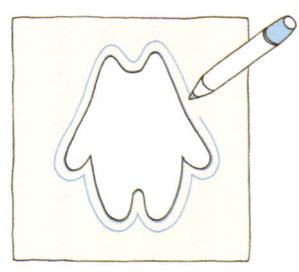 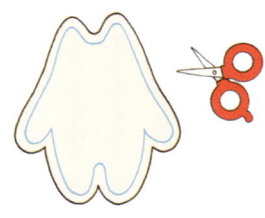

01 패턴을 복사하거나 트레이싱지에 따라 그린 후 가위로 오립니다.

02 원단 위에 패턴을 올려놓고 초크나 수성펜으로 완성선을 따라 그린 후 시접선을 그립니다.

03 시접선을 따라 자릅니다.

수 도안 옮기기

01 트레이싱지를 대고 수 도안을 따라 그립니다.

02 원단의 겉에 원단용 먹지와 트레이싱지를 차례로 올려놓고 볼펜 등으로 힘을 주어 도안을 옮겨 그립니다.

03 옮겨진 도안을 따라 수놓습니다.

3 기본 바느질 방법

🐱 홈질

모든 바느질의 기초로 바늘땀이 고르고 바느질 선이 반듯해야 합니다.
자수실로 장식 효과를 낼 때도 씁니다(러닝 스티치).

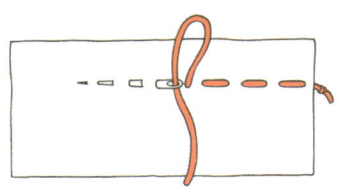 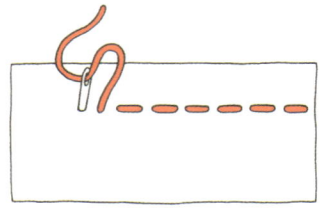

01 0.1~0.3cm 간격으로 여러 땀을 뜹니다. 보통 3~4땀씩 떠서 바느질합니다.

02 이 과정을 반복합니다.

🐱 시침질

본 바느질을 하기 전에 원단과 원단을 임시로 고정해줍니다.
홈질과 같은 방법으로 바느질하되 바늘땀을 크게 뜹니다.
본 바느질을 마친 후에 실을 제거합니다.

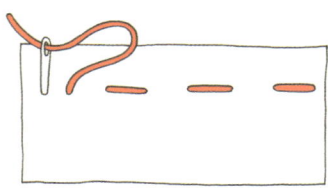

박음질

튼튼하게 바느질할 수 있는 방법으로, 바느질 선이 끊기지 않아 수를 놓을 때도 사용합니다(백 스티치).

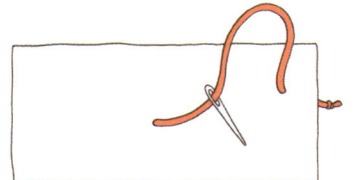

01 한 땀을 떠서 바늘을 뺍니다.

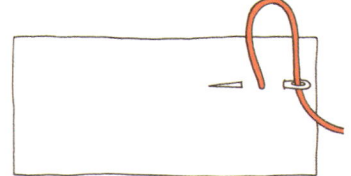

02 일정한 간격으로(바늘이 나왔던 곳으로) 되돌아가서 다시 한 땀을 뜹니다.

03 이 과정을 반복합니다.

공그르기

바늘땀이 보이지 않도록 숨겨 뜨는 방법으로 소품의 창구멍을 막거나 소품과 소품을 연결할 때 사용합니다.

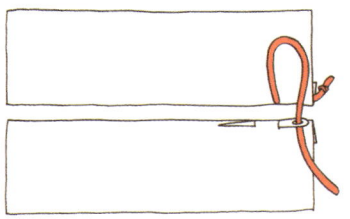

01 원단 양 끝의 시접을 접은 후, 실의 매듭이 보이지 않도록 위쪽 원단의 시접 사이로 바늘을 찌른 후 빼냅니다. 실이 나왔던 곳과 수직으로 같은 위치에 있는 아래쪽 원단에 바늘을 찌르고 한 땀 떠줍니다.

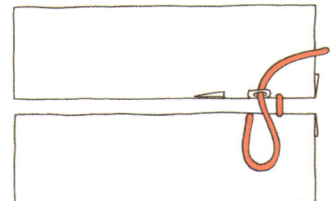

02 찔렀던 바늘을 빼내고, 위쪽 원단에 아래쪽 원단의 실이 나왔던 곳과 같은 위치를 바늘로 한 땀 떠줍니다.

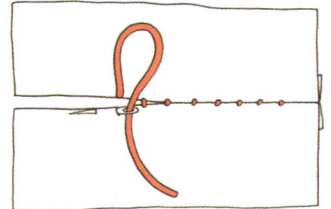

03 실을 팽팽히 당겨 바늘땀이 보이지 않도록 합니다. 위 과정을 반복합니다.

4. 바이어스 만들기와 처리하기

바이어스 테이프 만들기

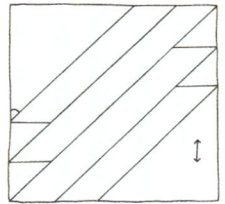

01 원단에 45°각도의 사선을 만들고자하는 바이어스 폭의 4배 간격으로 자릅니다.

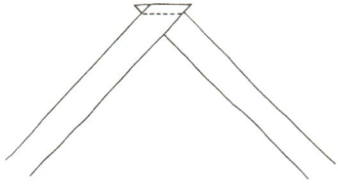

02 자른 원단을 겉끼리 맞대고 겹치는 부분을 바느질합니다.

03 시접을 양쪽으로 가르고 튀어나온 부분을 잘라냅니다.

바이어스 처리하기

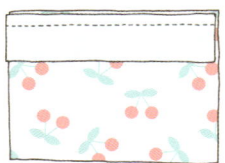

01 원단의 뒷면과 바이어스의 겉면을 맞대고 박음질합니다.

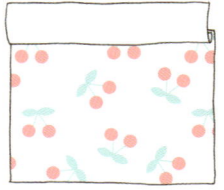

02 바이어스로 시접을 감싸듯이 위로 세웁니다.

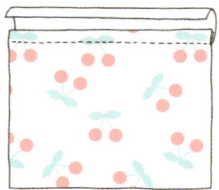

03 원단을 뒤집고 바이어스의 시접을 접어줍니다.

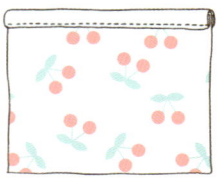

04 시접을 감싸듯이 바이어스를 접은 후, 그 위를 박음질하거나 공그르기 합니다.

5. 파이핑 처리하기와 큰 원 그리는 법

🐾 파이핑 연결 부위 깔끔하게 처리하는 방법

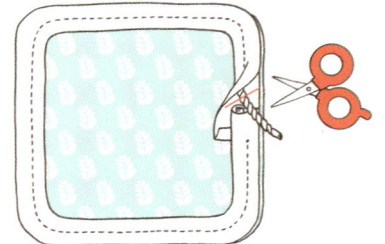
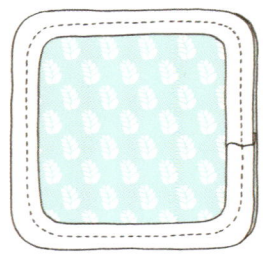

01 원단의 겉면 위에 파이핑을 두른 후, 파이핑의 시작과 끝단은 2~3cm의 여유를 남기고 둘레 전체를 박음질 합니다.

02 파이핑의 한쪽은 그대로 남겨두고 다른 한쪽의 끈만 바짝 잘라줍니다.

03 자른 쪽의 시접 끝단을 1cm 접은 후, 남은 파이핑을 감싸듯이 덮어줍니다. 그 위를 박음질합니다.

🐾 큰 원 그리는 방법

냄비 뚜껑, 접시 등을 사용해서 원을 그려도 되지만
그보다 더 큰 원을 그릴 때도 별다른 도구 없이 쉽게 원을 그릴 수가 있습니다.

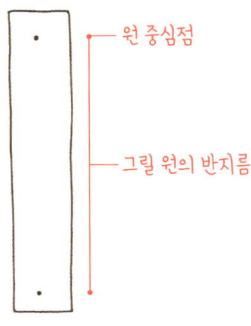
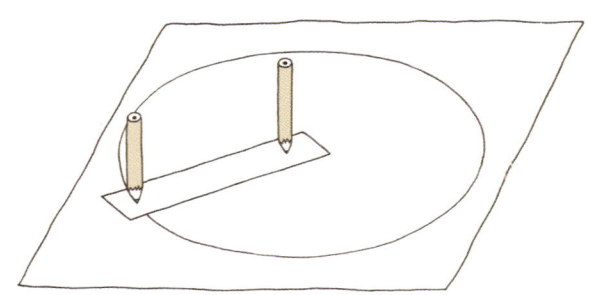

01 빳빳한 종이를 길게 자르고 그리고자 하는 원의 반지름 길이만큼 양 끝에 표시한 후, 구멍을 뚫어줍니다.

02 원단의 안쪽면이 위를 향하도록 펼치고 종이에 난 구멍에 각각 연필이나 펜을 꽂은 후, 중심은 고정시킨 상태에서 연필을 한 바퀴 돌리면 원이 그려집니다.

6 이 책에 쓰인 자수 기법

🐱 백 스티치

한 땀만큼 되돌아가면서 수놓습니다.

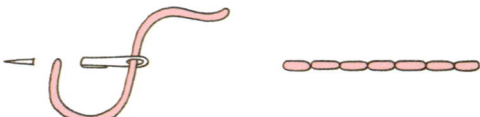

🐱 스트레이트 스티치

한 땀으로 수놓을 수 있는 스티치입니다. 바늘땀의 방향이나 길이, 늘어놓는 방법에 따라 다양한 무늬를 수놓을 수 있습니다.

🐱 더블 크로스 스티치

크로스 스티치(X자 모양의 스티치) 위에 십자형 크로스 스티치를 한 번 더 수놓은 스티치입니다.

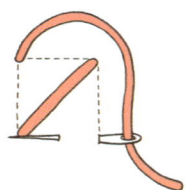 

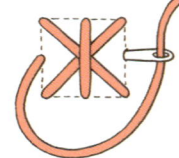 

🐱 새틴 스티치

스트레이트 스티치를 깔끔하게 늘어놓아가면서 면을 메우는 방식의 스티치입니다. 폭이 넓은 부분에서 시작하여 좁은 쪽으로 진행하면 수놓기 쉽습니다.

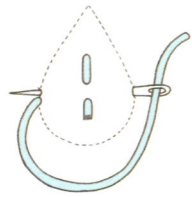 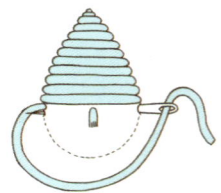

🐱 플라이 스티치

작은 곤충이 날개를 펼치고 날아가는 모양으로 수놓는 스티치입니다. 응용방법에 따라 여러 모양으로도 나타낼 수 있습니다.

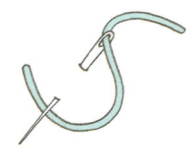 

🐱 롱 앤드 쇼트 스티치

처음 단은 바늘땀의 길이를 길고 짧게 번갈아가며 수놓고, 다음 단은 똑같은 길이의 바늘땀을 수놓아 면을 메우는 방식의 스티치입니다.

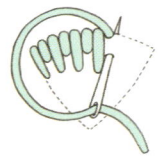 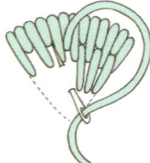 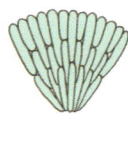

🐱 프리 스티치

자유롭게 수를 늘어놓듯 수놓아 면을 메우는 스티치입니다.

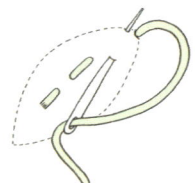 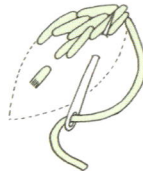 

🐱 프렌치 노트 스티치

프렌치는 '프랑스의', 노트는 '매듭(knot)'이라는 뜻으로 작은 매듭을 만들어 수놓는 스티치입니다.

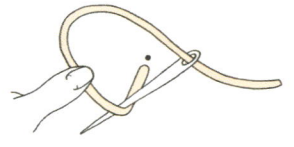 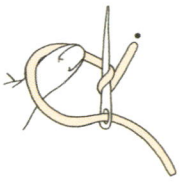

PART ◄◄ 02

고양이를 위한 소품

털실 폼폼 쥐돌이

몽실몽실 부드러운 촉감과 따뜻한 느낌의 털실 폼폼으로
알록달록한 컬러감이 돋보이는 쥐돌이를 만들어주세요.
고양이 손에 잡히는 작은 사이즈로 이리저리 굴리며
드리블하는 모습을 볼 수 있어요.

완성 사이즈 폭 3cm, 길이 7cm

How to Make

재료

털실 폼폼볼(지름 3cm) 1개
하드 펠트지 : 화이트 펠트지(3x3cm), 옐로우 펠트지(6x4cm)

부재료

코팅 장식 끈 10cm, 글루건

1 · 재단하기

하드 펠트지 위에 제시된 사이즈에 맞춰 귀와 눈을 그리고 재단합니다.
재단된 눈은 네임펜(피그먼트펜)으로 눈동자를 그려줍니다.

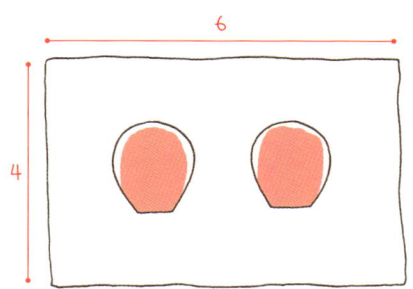
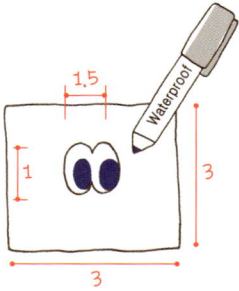

2 · 귀 붙이기

털실 폼폼볼의 털 사이를 가르고 글루건을 이용해서 귀를 붙여줍니다.

3 ▸ 눈 붙이기

글루건으로 눈을 부착합니다.

4 ▸ 꼬리 붙이기

코팅 끈은 양쪽으로 매듭을 지어주고 쥐돌이 뒷면의 털을 벌린 후, 글루건으로 코팅 끈의 한쪽을 붙여서 꼬리를 만들어줍니다.

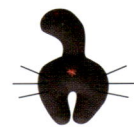

고양이 똥꼬 캣닢 인형

고양이의 토실한 뒤태를 쏙 빼닮은 캣닢 인형!
앙증맞은 크기로 두 손에 쿠션을 잡고 꼬리를 깨물다 보면
무료한 일상에 작은 즐거움이 되어줄 거예요.
집사의 손가락에 끼워 흔들어주면 더욱 흥미를 느낀답니다.

완성 사이즈 가로 5.5cm, 세로 10cm

How to Make

재료

블랙 리넨 원단(10x15cm) 2장

부재료

자수실, 방울솜, 부직포(4x5cm) 2장, 캣닢 가루

🐱 도안

실물 도안 p.252

1 ▸ 패턴 그리기

리넨 원단 앞판의 안쪽 면에 패턴을 대고 완성선을 그려줍니다. 패턴은 앞판에만 그립니다.

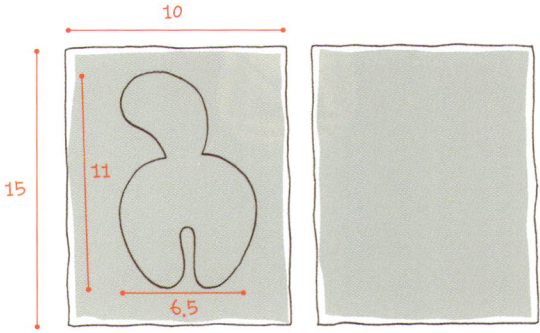

2 ▸ 바느질하기

리넨 원단의 겉면이 서로 마주보도록 포개고 창구멍을 남긴 후, 완성선을 따라 박음질합니다.

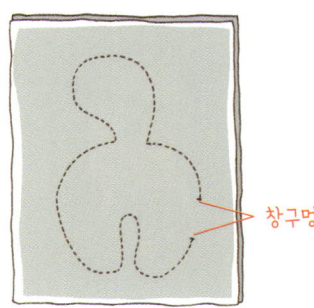

창구멍

3 · 재단하기

시접은 완성선 밖으로 0.5cm를 남긴 후 재단하고, 굴곡진 부분은 가위집을 내줍니다. 창구멍으로 원단을 뒤집고 모양을 잘 정리합니다.

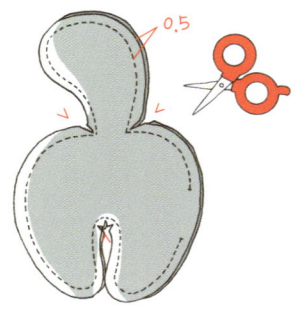

4 · 캣닢팩 만들기

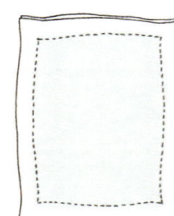 

01 부직포를 사이즈에 맞춰 2장 재단하고 포갠 후, 시접 0.5cm를 두고 윗면을 제외한 3면을 박음질합니다.

02 주머니에 캣닢 가루를 적당량 담은 후, 윗면을 박음질하여 캣닢팩을 완성합니다.

Tip 부직포가 없을 경우 다시팩을 이용하세요.

5 ▸ 방울솜 넣기

창구멍으로 모양이 잘 잡히도록 방울솜을 빽빽이 넣어줍니다. 이때 미리 준비해둔 캣닢팩을 꼬리 쪽에 넣어줍니다.

6 ▸ 마무리하기

창구멍은 공그르기로 막아주고 빨간색 자수실을 이용해서 별 모양으로 자수를 놓아줍니다.

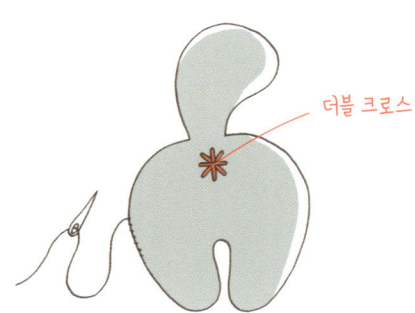

토끼볼

기분 전환이 필요한 날 토끼볼을 선물하세요.
통통한 몸매에 쫑긋 솟은 귀와 순둥순둥한 표정이 매력적인 토끼볼.
일반 공보다 조금 큰 사이즈로 손으로 갖고 놀다가 걸핏하면 가구 밑으로 들어가
자꾸 꺼내줘야 하는 번거로움도 없는 기특한 아이템이랍니다.

🐱 **완성 사이즈** • 토끼 원형볼 지름 5cm, 높이 7.5cm • 토끼 사각볼 가로 5.5cm, 높이 7cm

How to Make

재료

토끼 원형볼
리넨 20수(20x20cm) 1장

토끼 사각볼
리넨 20수(20x26cm) 1장

부재료
방울솜, 캣닢 가루, 부직포, 자수실 또는 펠트 전용실

🐱 도안

실물 도안 p.253

토끼 원형볼 얼굴

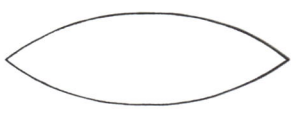

토끼 원형볼 몸통

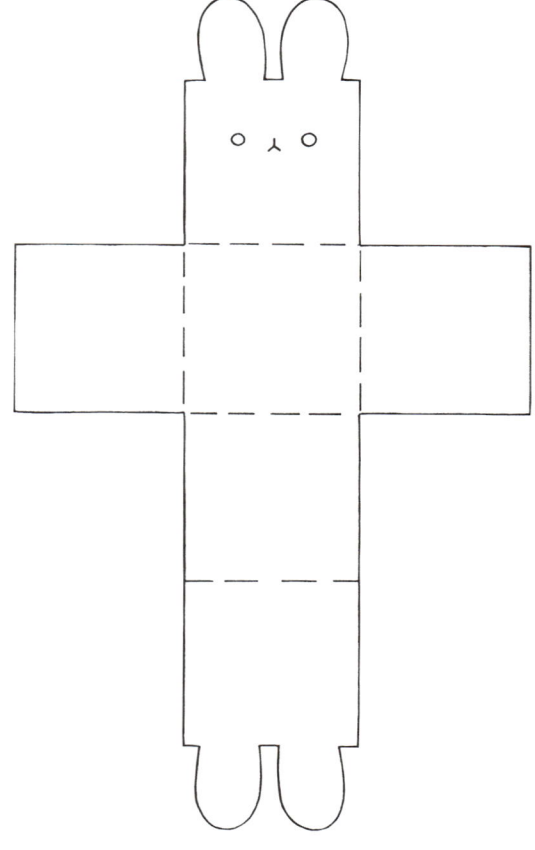

토끼 사각볼 패턴

046

1 ▸▸ 재단하기

원단의 안쪽 면에 패턴을 대고 그린 뒤 시접 1cm를 주고 재단합니다.

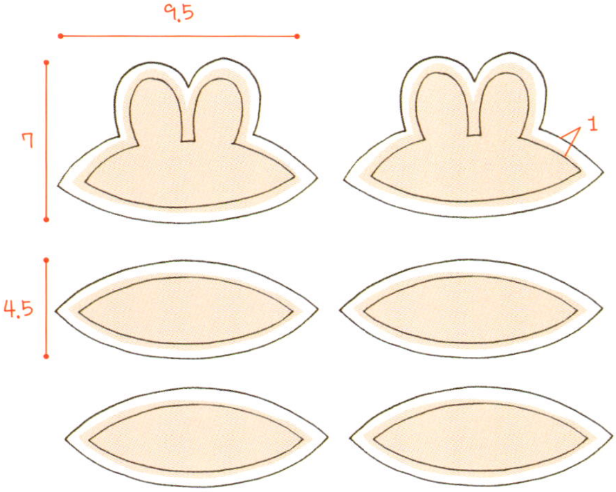

토끼 원형볼

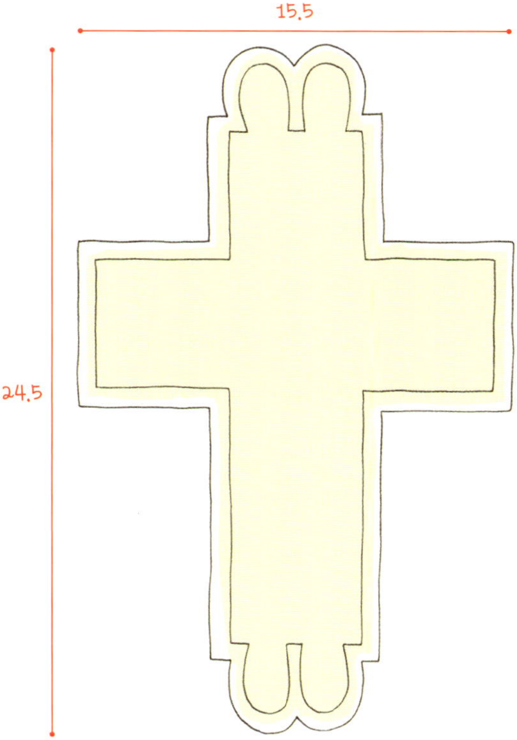

토끼 사각볼

2. 바느질하기

🐾 토끼 원형볼 만들기

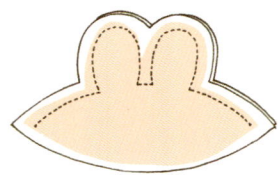 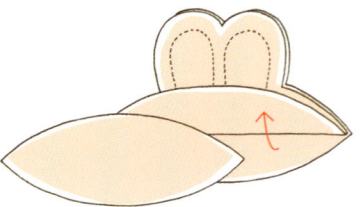 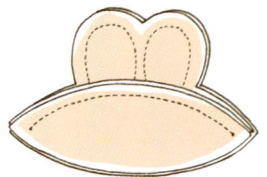

01 토끼 원형볼의 얼굴 원단 2장을 서로 겉끼리 맞대고 윗부분을 완성선을 따라 박음질합니다.

02 얼굴 원단 아랫부분을 반으로 접어 올린 후, 몸통 원단 1장을 서로 겉면이 맞닿도록 포개어 올립니다.

03 얼굴과 몸통의 반원을 박음질하여 이어줍니다.

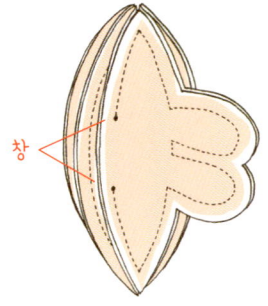 

04 같은 방법으로 몸통 4장을 모두 연결하고 마지막 면은 길이 3cm의 창구멍을 남기고 박음질합니다.

05 뒤집었을 때 모양이 잘 잡히도록 깊게 굴곡진 귀 부분은 가위집을 주고, 시접은 전체적으로 0.5cm를 남기고 잘라줍니다.

🐾 캣닢팩 만들기

 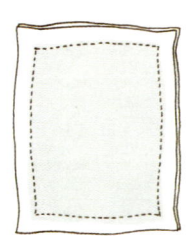 

01 부직포를 사이즈에 맞춰 2장 재단하고 포갠 후, 시접 0.5cm를 두고 윗면을 제외한 3면을 박음질합니다.

02 주머니에 캣닢 가루를 적당량 담은 후, 윗면을 박음질하여 캣닢팩을 완성합니다.

Tip 부직포가 없을 경우 다시팩을 이용하세요.

솜 넣기

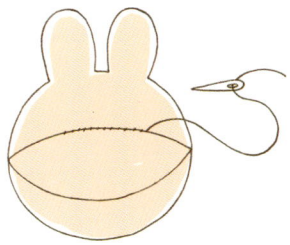

캣닢팩

01 바느질한 토끼볼을 창구멍으로 뒤집은 후, 귀는 모양을 잘 잡아주고 창구멍으로 방울솜을 빼곡히 채워줍니다. 이때 캣닢팩도 함께 넣어줍니다.

02 창구멍은 공그르기 하여 막아줍니다.

3 ▸ 마무리하기

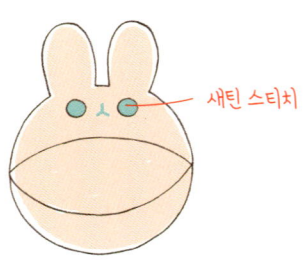

새틴 스티치

원단용 펜을 이용하여 눈과 입을 그려준 뒤, 자수실 또는 펠트 전용 색실로 눈과 입을 수놓아 토끼볼을 완성합니다.

🐾 토끼 사각 볼 만들기

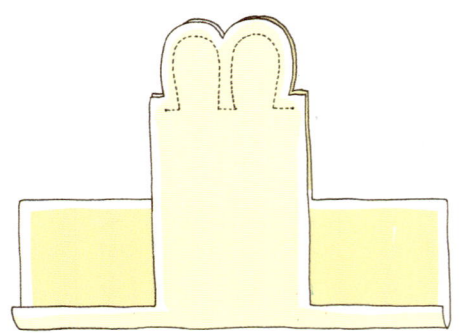

01 재단한 원단의 겉면이 맞닿도록 반으로 접은 후 귀 부분을 박음질합니다.

02 펼쳐진 면을 접어 올리고 얼굴 면을 박음질합니다.

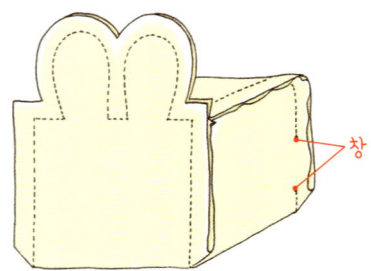

창

03 나머지 면도 차례로 이어주고 한쪽 면은 창구멍(3cm)을 남기고 박음질합니다. 나머지 과정은 원형볼과 과정이 동일합니다.

애벌레 킥 쿠션

귀여운 더듬이와 친근한 항아리 몸매를 소유한 애벌레 킥 쿠션을 소개합니다.
아무리 씹고 뜯고 맛보고 즐겨도 항상 미소를 잃지 않는 착한 친구 애벌레 인형.
고양이들이 좋아하는 캣닢을 넣어 더욱더 애착할 수 있는 친구예요.

🐱 **완성 사이즈** 가로 9cm, 세로 25cm

How to Make

재료

몸판
리넨 원단(20x30cm) 2장

얼굴
보풀방지 펠트지(두께 2.5mm, 6x5cm) 1장

눈
하드 펠트지(5x5cm) 1장

부재료

파이핑 리본 끈(길이 6cm) 2개, 털실 폼폼(지름 2cm) 2개, 방울솜, 캣닢 가루, 부직포(5x6cm) 2장

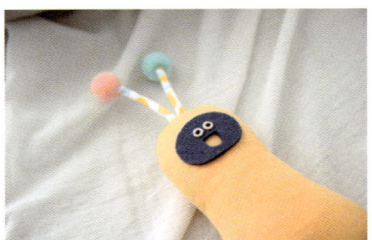

🐱 도안

실물 도안 p.254

1 ▸ 재단하기

원단의 안쪽 면에 패턴을 대고 완성선을 따라 그린 후, 시접 1cm를 주고 재단합니다.
펠트지는 얼굴 패턴을 대고 그린 후 재단하고, 뾰족한 가위를 이용해 입모양을 오려냅니다.
눈은 지름 0.6cm의 원으로 재단한 후, 네임펜을 이용해서 눈동자를 그려줍니다.

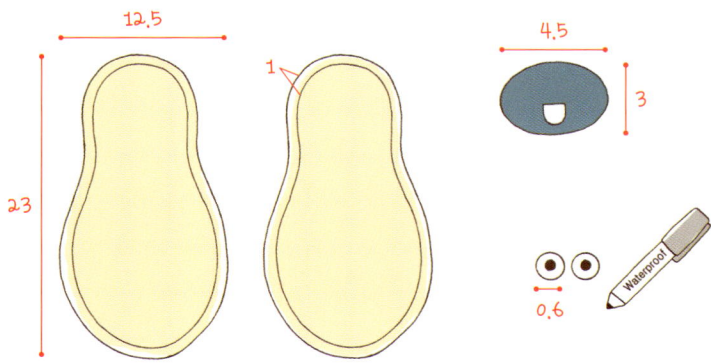

2 ▸ 바느질하기

몸판 원단의 겉면이 서로 마주보도록 포개고 머리 부분에 파이핑 리본 끈을 끼우고 시침핀으로 고정한 후, 창구멍을 남기고 완성선을 따라 박음질합니다. 창구멍으로 원단을 뒤집어 모양을 정리합니다.

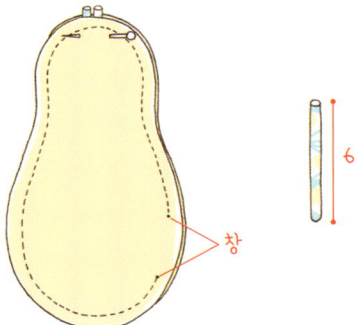

3 ▸ 캣닢팩 만들기

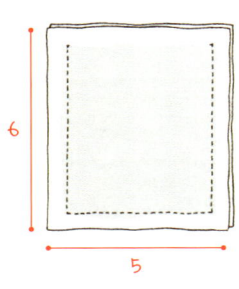
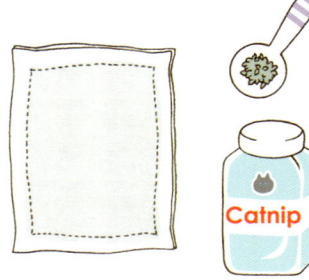

01 부직포를 사이즈에 맞춰 2장 재단하고 포갠 후, 시접 0.5cm를 두고 윗면을 제외한 3면을 박음질합니다.

02 주머니에 캣닢 가루를 적당량 담은 후, 윗면을 박음질하여 캣닢팩을 완성합니다.
Tip 부직포가 없을 경우 다시팩을 이용하세요.

4 ▸ 솜넣기

쿠션의 몸통에 방울솜을 채워주고 배 부분에 미리 준비한 캣닢팩을 넣어줍니다.

5 ▸▸ 창구멍 막기

창구멍을 공그르기로 막아줍니다.

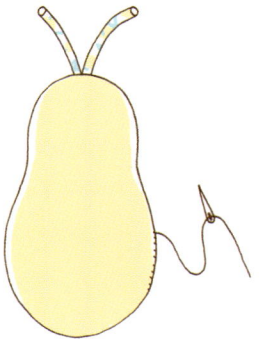

6 ▸▸ 마무리하기

글루건을 이용하여 몸통에 얼굴 모양과 눈을 차례로 붙입니다.
털실 폼폼은 털실 사이를 가르고 글루건을 이용해 더듬이에 부착합니다.

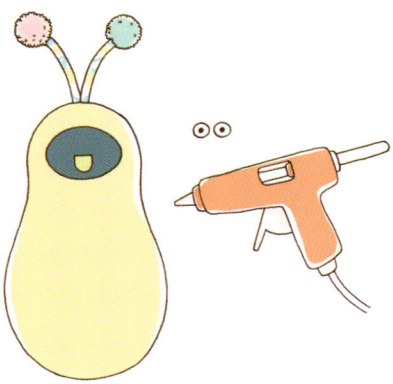

이빨 괴물 캣닢 인형

우스꽝스러운 외모지만 고양이들이 거부할 수 없는 향기로 매력을 뿜는 이상한 캣닢 인형.
몬스터지만 앙증맞은 이빨이라 절대 위험하지 않아요.
부드러운 감촉의 펠트지로 만들어 따뜻한 느낌을 간직한 인형이지만
두꺼운 펠트지로 만들어 아무리 깨물고 발톱으로 뜯어도 쉽게 해지지 않아
고양이에게 오래도록 좋은 친구가 되어줄 거예요.
보통의 펠트 소품을 만드는 방법과는 다르지만,
그로 인해 특유의 부드러운 느낌을 갖게 하는 소품이에요.

완성 사이즈 가로 15cm, 세로 17.5cm, 높이 21cm

How to Make

재료

몸판
보풀방지 펠트지(두께 2.5mm, 25x30cm) 2장

꼬리
보풀방지 펠트지(두께 2.5mm, 20x15cm) 2장

눈, 입, 손
색깔별 자투리 펠트지 여러 조각

부재료
방울솜, 자수실, 캣닢 가루, 부직포(10x7cm) 2장, 글루건

도안
실물 도안 p.255

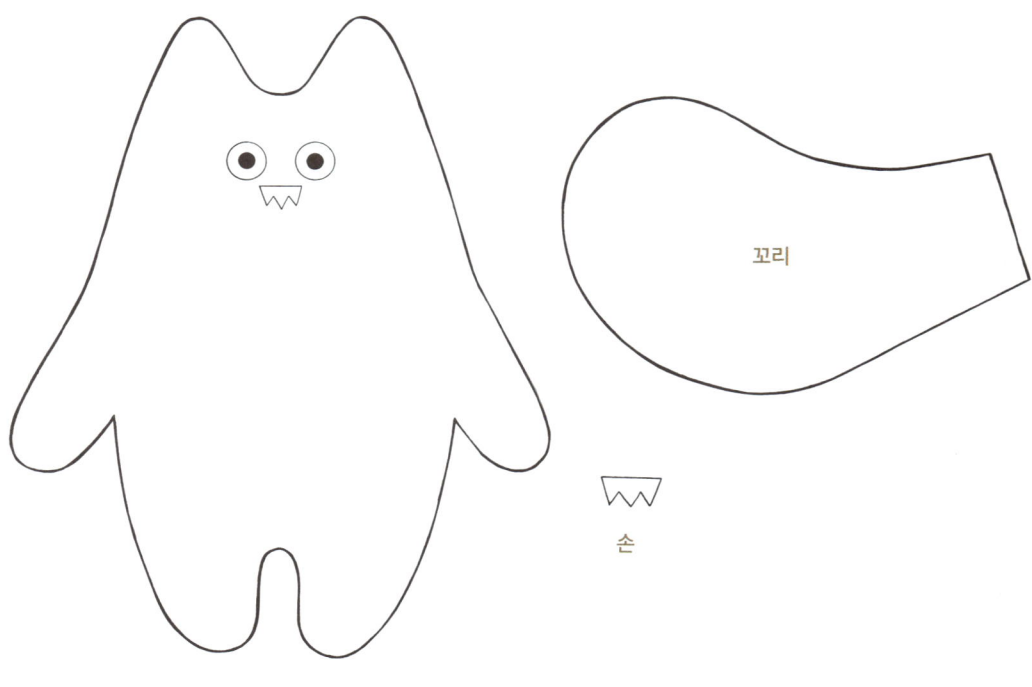

꼬리

손

1 ▸ 재단하기

펠트지 안쪽 면에 패턴을 대고 그린 뒤, 시접 1cm를 주고 재단합니다. 눈과 입, 손은 완성선으로 재단합니다. 재단한 눈은 네임펜으로 눈동자를 그려줍니다.

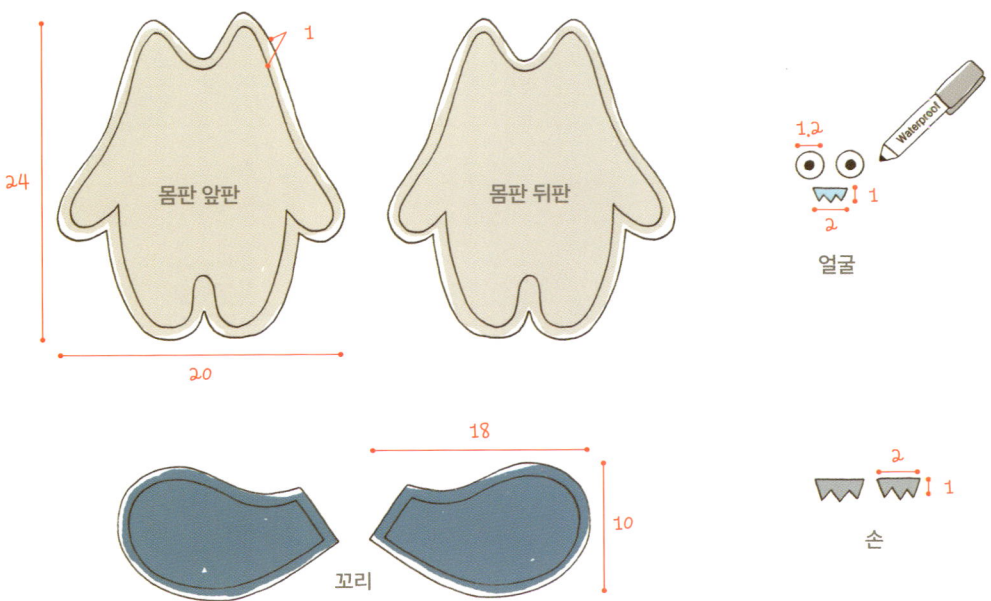

2 ✂ 바느질하기

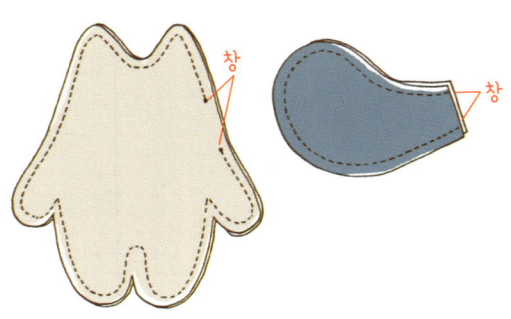
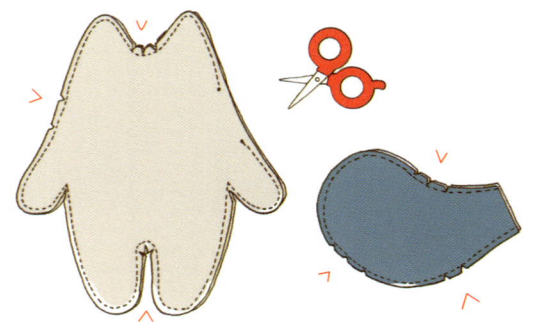

01 재단된 몸판의 앞판과 뒤판을 서로 겉이 마주보도록 포갠 후, 창구멍을 남기고 박음질합니다. 꼬리도 같은 방법으로 바느질합니다.

02 시접은 0.5cm만 남기고 잘라낸 후, 굴곡진 부분은 가위집을 주고 창구멍으로 뒤집어 모양을 정리합니다.

3 ✂ 캣닢팩 만들기

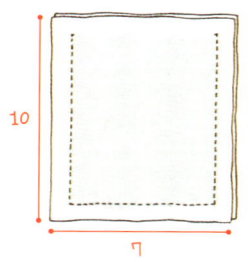
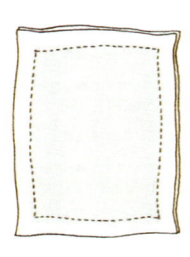

01 부직포를 사이즈에 맞춰 2장 재단하고 포갠 후, 시접 0.5cm를 두고 윗면을 제외한 3면을 박음질합니다.

02 주머니에 캣닢 가루를 적당량 담은 후, 윗면을 박음질하여 캣닢팩을 완성합니다.

Tip 부직포가 없을 경우 다시팩을 이용하세요.

4 · 솜 넣기

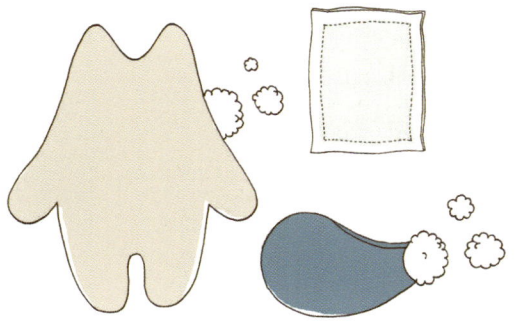

01 인형의 몸통과 꼬리에 방울솜을 채워줍니다. 손과 발처럼 좁은 공간은 뾰족한 도구를 이용해 방울솜을 촘촘히 넣어주고, 몸통의 배 부분에는 미리 준비한 캣닢팩을 넣어줍니다.

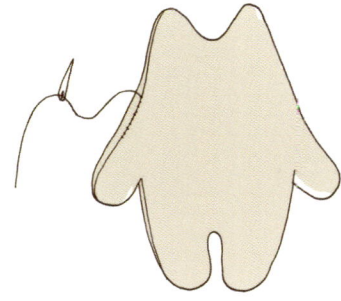

02 몸통의 창구멍은 공그르기로 막아줍니다.

5 · 몸통과 꼬리 연결하기

꼬리는 창구멍의 시접을 안으로 1cm 말아 넣고, 몸통 뒤판 아랫부분에 공그르기로 연결하여 달아줍니다.

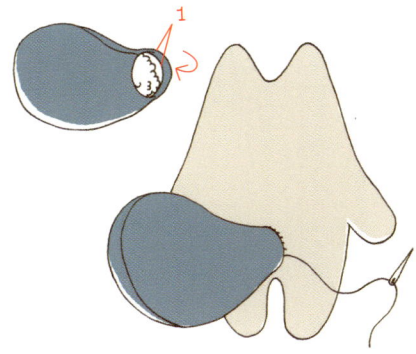

6 ▸ 얼굴 만들기

몸통 윗부분에 글루건을 이용해서 눈과 입을 적당한 위치에 부착합니다. 같은 방법으로 손도 부착합니다.

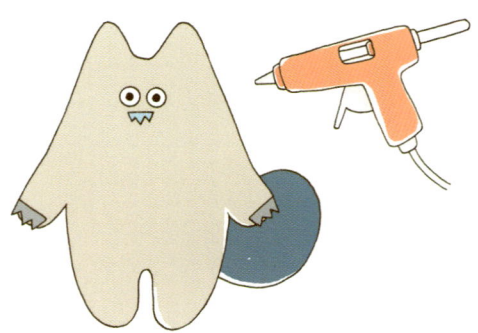

7 ▸ 자수실로 장식하기

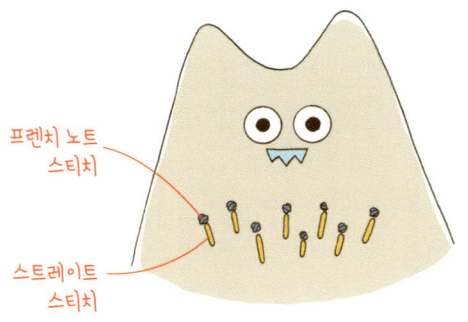
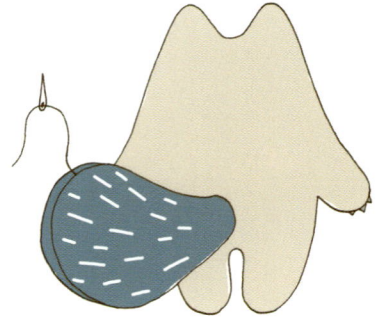

01 인형의 가슴부분에 노란색 자수실을 이용해 짧고 긴 스티치를 듬성듬성한 간격으로 번갈아 수놓아줍니다. 스티치 위에 다른 색실로 프렌치 노트 스티치를 수놓아줍니다.

02 꼬리의 도톰한 부분에 불규칙한 길이의 스티치를 듬성듬성한 간격으로 수놓아줍니다. 반대쪽 면도 같은 방법으로 완성합니다.

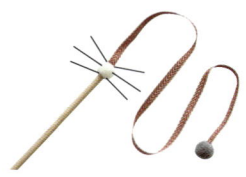

리넨 테이프 낚싯대

모양도 예쁜데 고양이에게 반응도 엄청난 낚싯대.
만드는 방법은 반전 초간단!
리넨 테이프로 줄을 만들어 튼튼하고 과격한 움직임에도 꼬임이 적어요.
줄 끝에 폼폼볼로 무게를 실어 줄의 움직임이 자유롭고
놀이 중에 몸에 부딪혀도 아프지 않아요.

완성 사이즈 막대 길이 40cm, 면줄 길이 60cm

How to Make

재료
목봉(두께 8mm, 길이 40cm) 1개, 장식 리넨 테이프 (길이 60cm) 1개, 털실 폼폼볼(지름 2cm) 2개

부재료
글루건

만들기

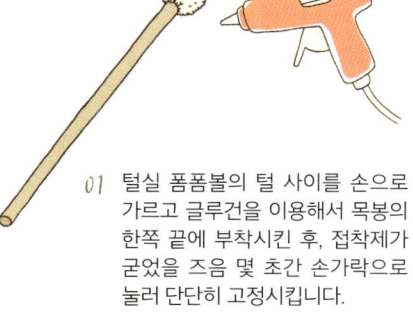

01 털실 품품볼의 털 사이를 손으로 가르고 글루건을 이용해서 목봉의 한쪽 끝에 부착시킨 후, 접착제가 굳었을 즈음 몇 초간 손가락으로 눌러 단단히 고정시킵니다.

02 과정 1과 같은 방법으로 리넨 테이프의 한쪽 끝을 털실 품품볼에 고정합니다.

03 리넨 테이프의 끝단도 같은 방법으로 털실 품품볼을 고정해주면 완성입니다.

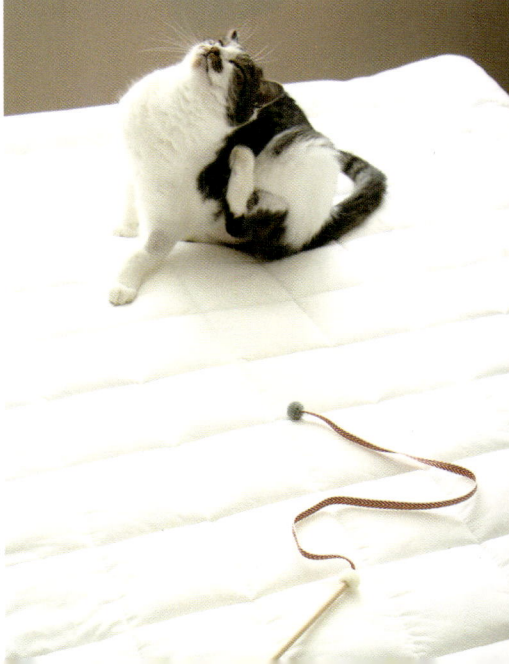

낚싯대 정리 포켓

정리정돈의 달인 집사들에게 꼭 필요한 낚싯대 정리 포켓입니다.
길이도 들쭉날쭉, 모양도 제각각이라 정리가 어려웠던 낚싯대만 따로 모아
깔끔하게 수납할 수 있는 실용만점 정리 포켓이에요.
슬림한 사이즈로 집 안의 틈새 공간에 배치가 자유롭고
벽지가 있는 곳 어디라도 핀 하나만 꽂아서 걸 수 있답니다.

완성 사이즈 폭 8cm, 길이 69cm

How to Make

재료

보풀방지 펠트지(두께 2.5mm)
앞판(8x36cm) 1장, 뒤판(8x69cm) 1장, 옆판 (3x79cm) 1장, 네임택(5.6x4cm) 1장

🐱 도안

실물 도안 별지

실물 도안 p.252

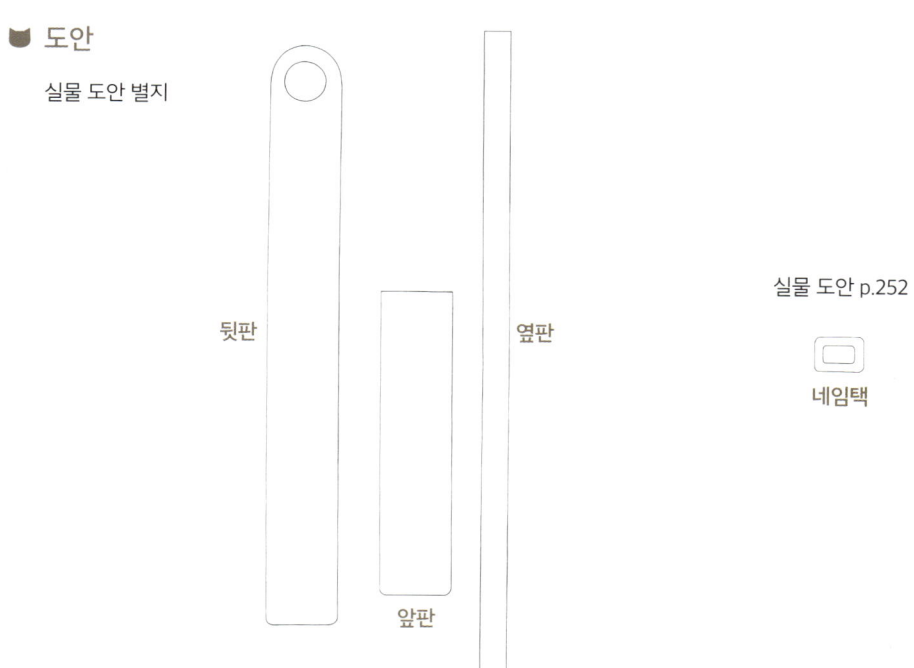

뒷판   앞판   옆판   네임택

1 ▸ 재단하기

패턴에 맞춰 펠트지를 재단합니다.

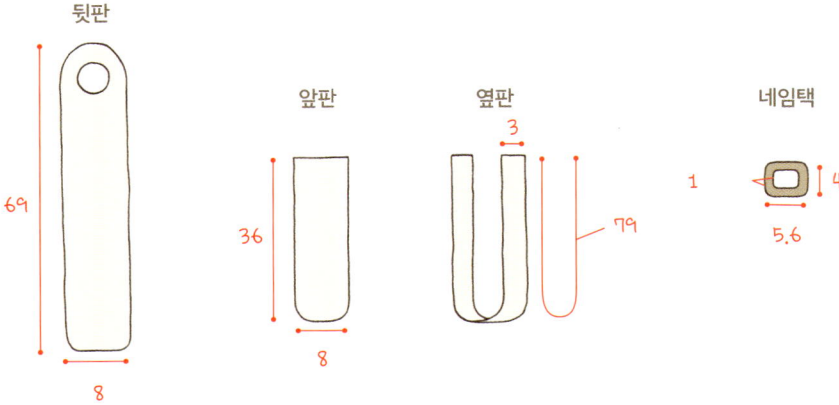

2 ▸ 바느질하기

🐱 네임택 달기

앞판 겉면의 상단에 네임택의 윗면을 제외한 3면을 박음질로 고정합니다. 손바느질은 촘촘한 홈질로 부착합니다.

🐾 앞판과 옆판 연결하기

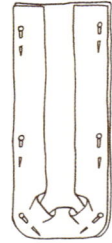 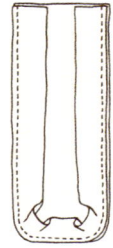

01 앞판의 안이 위를 향하도록 바닥에 펼치고 옆판을 앞판 둘레에 맞춰 두른 후, 시침핀으로 고정합니다.

02 시접 0.3cm를 남기고 입구를 제외한 둘레 전체를 박음질합니다.

🐾 뒤판에 포켓 부착하기

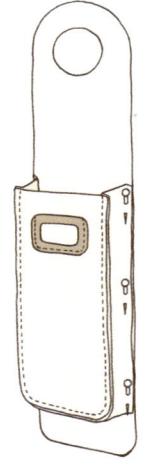 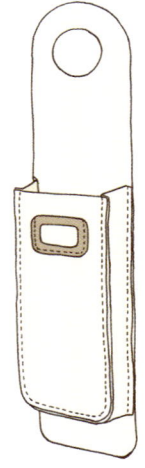

01 뒤판의 적당한 위치에 포켓 옆판을 시침핀으로 고정합니다.

02 포켓의 모양이 틀어지지 않도록 양 옆면을 먼저 박음질로 고정한 후, 밑면을 바느질하는 순서로 포켓을 뒤판에 부착합니다.

😺 마무리하기

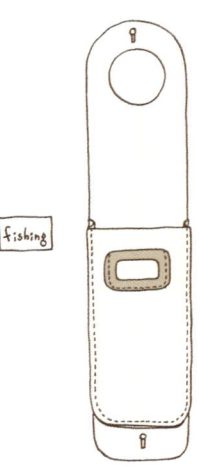

메모지에 원하는 단어를 적어 네임택 안에 끼운 후, 벽걸이에 걸거나 틈새 공간의 벽지 위에 시침핀으로 고정하여 사용합니다.

바스락 와이어 햄퍼

고양이에게 바스락거리는 소리는 언제 들어도 호기심을 불러일으킵니다. 구겨지면 오히려 빈티지한 멋스러움이 묻어나는 타이벡 원단으로 고양이를 위한 아지트를 만들어주세요. 타이벡 원단은 위생적이며 내구성이 좋아 놀이 공간으로, 또는 혼자 있고 싶을 때 나만의 비밀 공간을 만들기에 안성맞춤이에요.

완성 사이즈 가로 35cm, 세로 30cm, 길이 52cm

How to Make

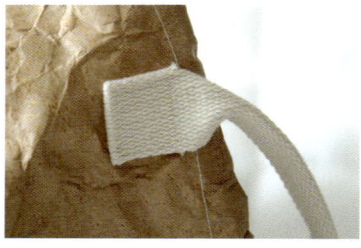

재료

겉감
크라프트 하드 타이벡 원단(52x126cm) 1장

안감
화이트 타이벡 원단(52x126cm) 1장

부재료
공예용 코팅 와이어(두께 3mm) 1롤(200cm), 라벨, 웨이빙 끈(폭 3cm, 길이 32cm) 2개

1 ▸ 재단하기

타이벡 원단의 겉감과 안감을 제시한 사이즈에 맞춰 재단합니다.

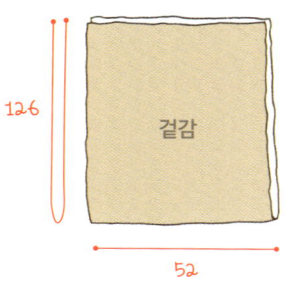

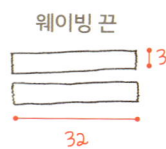

2 바느질하기

햄퍼 겉감과 안감 만들기

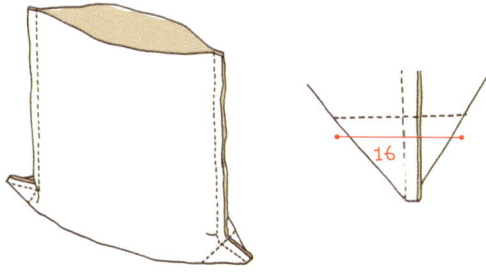

01 타이벡 원단 겉감을 서로 겉면이 맞닿도록 반으로 접고 입구를 제외한 양 옆면을 박음질합니다.

02 타이벡을 벌려 밑면의 모서리가 세모 모양이 되도록 접어줍니다. 이때 시접은 한쪽방향으로 꺾어 접은 후, 모서리의 가로 길이가 16cm 되는 지점을 박음질합니다.

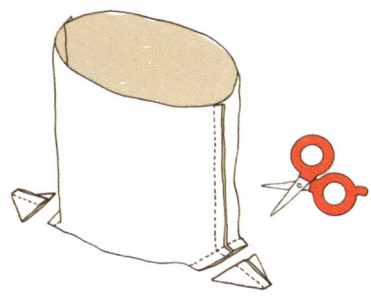

03 모서리는 시접 1cm를 남기고 재단합니다. 타이벡 원단 안감도 같은 방법으로 만들어 준비합니다.

겉감과 안감 연결하기

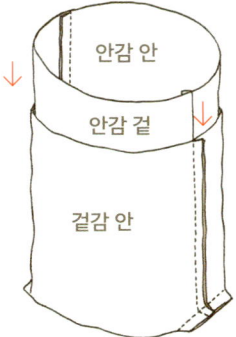

01 햄퍼 겉감의 겉면과 안감의 겉면이 서로 맞닿도록 겉감과 안감을 포개고 양 옆면의 시접선을 일치시킨 후, 겉감에 안감을 포개어 넣어줍니다.

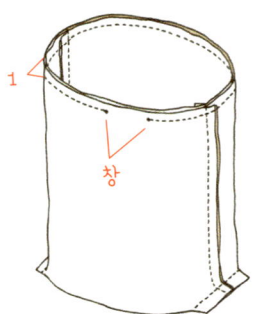

02 창구멍을 남기고 햄퍼 입구 둘레 전체를 박음질합니다. 창구멍으로 원단을 뒤집고 햄퍼의 바닥 모서리를 잘 맞추어 모양을 정리합니다.

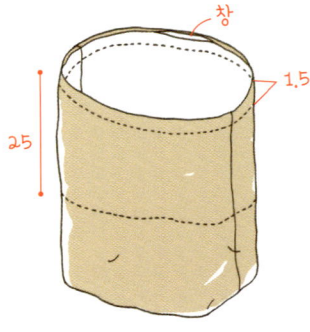

03 와이어가 들어갈 공간을 확보하기 위해 입구로부터 1.5cm 되는 지점의 둘레 전체를 박음질하고, 햄퍼의 겉감과 안감이 서로 들뜨는 것을 방지하기 위해 입구로부터 25cm 되는 지점의 둘레 전체를 박음질해줍니다.

라벨과 손잡이 달기

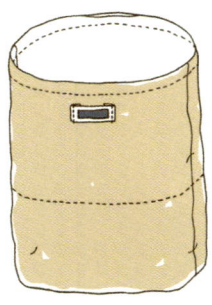

01 장식 라벨을 햄퍼 앞면의 상단에 박음질로 고정합니다.

02 웨이빙 끈을 세로로 접은 후, 양 끝단의 길이 7cm를 각각 남기고 중간 부분을 박음질하여 손잡이 2개를 준비합니다.

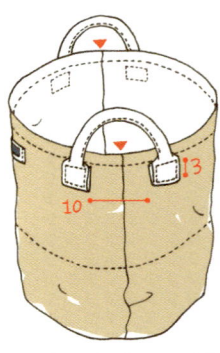

03 웨이빙 끈의 양쪽 끝단을 각각 3cm 안으로 접고, 햄퍼의 옆선을 중심으로 10cm의 간격을 두고 ▢모양으로 박음질하여 손잡이를 고정합니다.

3. 마무리하기

🐾 와이어 끼우기

공예용 와이어

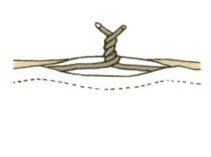

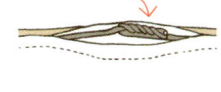

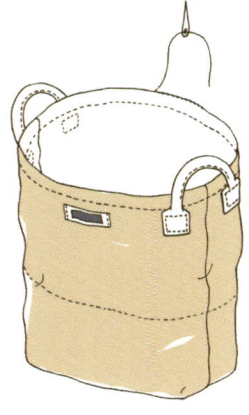

01 말아진 공예용 와이어를 평평하게 잘 편 후, 햄퍼 입구에 난 창구멍으로 밀어 넣어줍니다. 입구 둘레를 돌아 창구멍으로 다시 나온 와이어는 적당한 길이를 남기고 잘라줍니다.

02 창구멍으로 나온 와이어는 서로 교차하는 부분을 여러 번 꼬아 한쪽 방향으로 납작하게 눕혀줍니다.

03 와이어의 두꺼워진 매듭 부분은 와이어 링을 손으로 돌려 햄퍼의 옆선에 위치하도록 하고 창구멍은 공그르기로 막아줍니다.

자수 네임 목걸이

동그란 메달에 소중한 반려묘의 얼굴과 이름을 새겨
세상에 하나밖에 없는 자수 네임 목걸이를 만들어 주세요.
집사에겐 한 땀 한 땀 정성들여 자수를 놓는 시간이
소소한 즐거움으로 다가올거예요.

🐾 **완성 사이즈** 펜던트 지름 5cm, 목걸이 지름 9cm

How to Make

재료

마카롱 동전지갑 틀(지름 5cm) 1개, 둥근 가죽끈(두께 3mm, 길이 28cm) 1개, 리넨 원단(10x10cm) 1장, 하드 펠트지(10x10cm) 1장

부재료

자수실 또는 펠트 전용실, 팔찌 연결장식(뽁뽁이 마감장식, 3mm) 1개, 샤무드 끈(5cm) 1개

만들기

01 원단의 겉감 위에 원단용 펜으로 지름 5cm의 원을 그립니다. 원 안에 고양이 이름과 얼굴을 그린 후 수를 놓아줍니다. 고양이 얼굴과 이름은 원하는 컬러와 무늬로 자유롭게 선택하고 수 놓아줍니다.

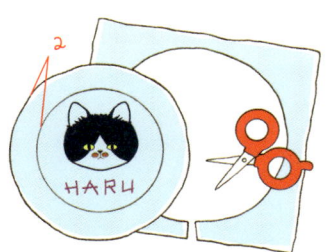

02 자수를 완성한 후 원 둘레 밖으로 시접 2cm를 남기고 재단합니다.

03 원 둘레 0.5cm 안으로 일정한 간격으로 원 전체를 홈질하고 실은 길게 여유를 남깁니다.

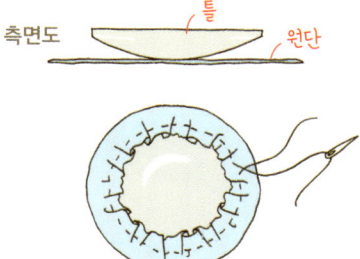

04 원단의 안쪽 면에 마카롱 동전지갑 틀의 볼록한 면이 맞닿도록 올린 후, 원단이 마카롱 틀을 감싸도록 실을 쭈욱 잡아당겨줍니다. 원단이 팽팽해지면 실을 매듭지어줍니다.

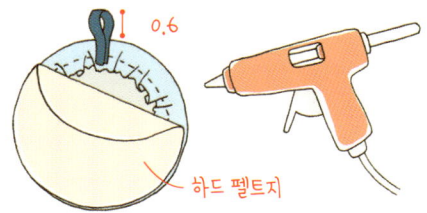

05 샤무드 끈을 반으로 접어 펜던트 뒷면 상단에 글루건으로 고정하고, 지름 5cm의 하드 펠트지를 펜던트 뒷면 전체에 글루건으로 붙여줍니다.

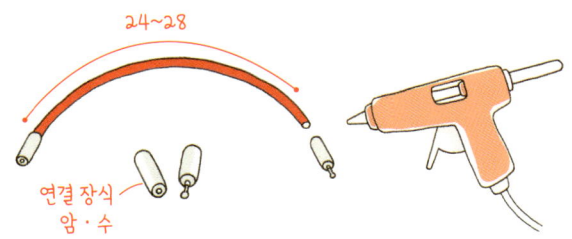

06 둥근 가죽 끈의 양 끝에 글루건을 살짝 묻혀 팔찌 연결 장식(뽁뽁이 마감장식)에 부착하고 펜던트를 끼워 목걸이를 완성합니다.

보이 & 걸 리본 타이

특별한 날이나 기념하고 싶은 날,
멋 내기 좋은 기본 아이템이 되어줄 리본 타이예요.
남아에게는 클래식한 멋이 흐르는 리본 타이를,
여아에게는 통통한 볼륨이 귀여운 리본 타이를 선물하세요.

🐱 **완성 사이즈** • 보이 가로 13cm, 세로 11cm • 걸 가로 12cm, 세로 12cm

How to Make

재료

보이
- 리본 : 패턴 리넨 원단(32x8cm) 1장, 블랙 리넨 원단(32x8cm) 1장, 블랙 리넨 원단(3x8cm) 1장
- 목줄 : 블랙 리넨 원단(4x37cm) 1장

걸
- 리본 : 핑크 리넨 원단(15x7cm) 2장, 핑크 리넨 원단(3x8cm) 1장
- 목줄 : 핑크 리넨 원단(4x37cm) 1장

부재료

D링(내경 1cm) 4개, 미니 버클(1cm) 2개, 방울솜

도안

실물 도안 p.256

보이 리본 타이 패턴

걸 리본 타이 패턴

1 재단하기

리본 원단 안쪽면에 리본 패턴을 대고 그린 뒤 시접 1cm를 주고 재단합니다. 리본 중심과 목줄 원단은 제시한 사이즈에 맞춰 재단합니다.

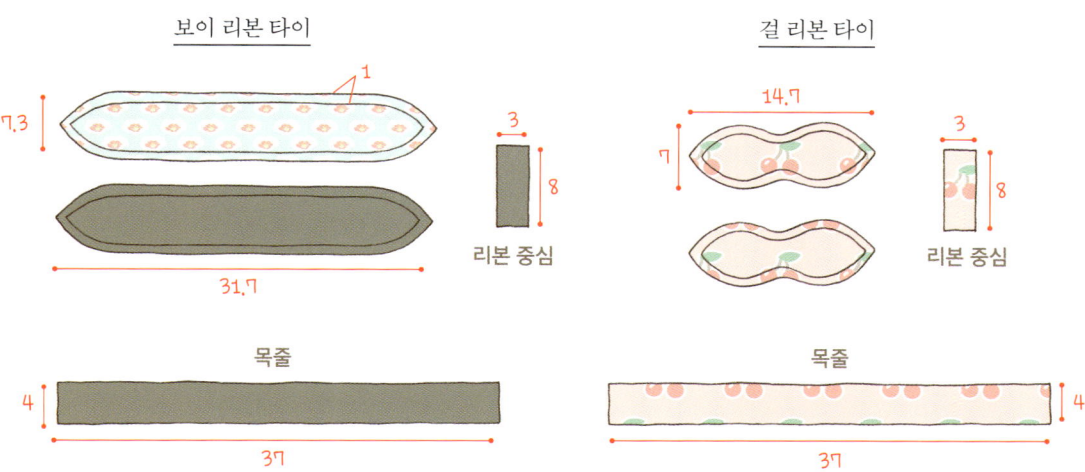

2 ▸ 바느질하기

🐱 보이 리본 타이

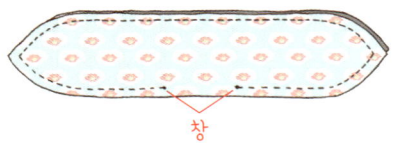

01 리본 원단 두 장을 서로 겉면이 마주보도록 포갠 후, 창구멍을 남기고 박음질합니다.

02 리본의 양 끝의 시접을 재단하고 창구멍으로 원단을 뒤집어 모양을 정리합니다.

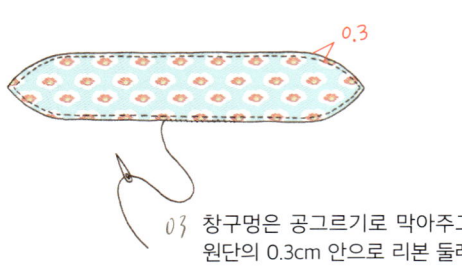

03 창구멍은 공그르기로 막아주고 원단의 0.3cm 안으로 리본 둘레 전체를 상침합니다.

04 리본을 반으로 접은 후, 끝단에서 6.5cm 되는 지점을 세로로 박음질합니다.

05 리본 양 끝단을 그림처럼 펼치고 링의 중심부분을 세로로 상침합니다.

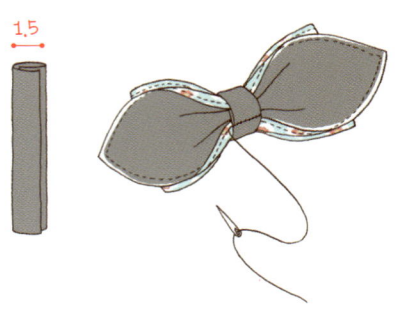

06 리본 중심 원단은 양 시접을 접어 폭 1.5cm를 만들고 리본의 중심에 두른 후, 시접을 접고 공그르기로 이어줍니다.

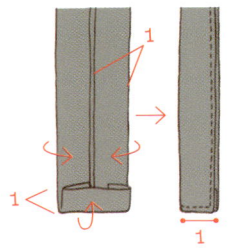

07 목줄은 양쪽 시접을 안으로 접고 아랫단 시접을 접어 올린 후, 다시 반으로 접어 줄 전체를 박음질합니다.

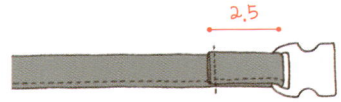

08 목줄 한쪽 끝은 미니 버클의 고리에 끼우고 박음질하여 버클을 고정합니다.

09-1 준비된 목줄은 리본 중심을 통과시키고 D링 2개를 끼웁니다.

09-2 목줄 끝에 미니 버클 고리를 끼우고 다시 D링 두 개 사이를 통과시킵니다.

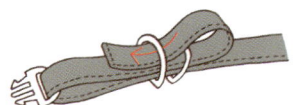

09-3 줄 끝을 반대 방향으로 꺾어 앞 고리 한 개만 통과시키고 목줄을 팽팽하게 잡아당겨 모양을 정리합니다.

걸 리본 타이

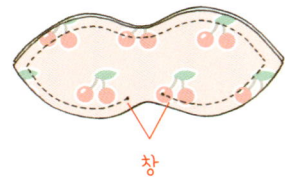

01 리본 원단 두 장을 서로 겉면이 마주보도록 포갠 후, 창구멍을 남기고 박음질합니다.

02 창구멍으로 원단을 뒤집고 방울솜을 채워줍니다. 약간의 쿠션감만 느껴지도록 소량의 방울솜을 넣어주세요.

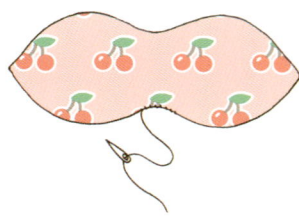

03 창구멍을 공그르기로 막아줍니다.

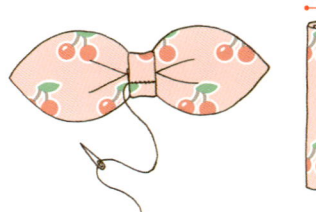

04 리본 중심 원단은 양 시접을 접어 폭 1.5cm를 만들고 리본의 중심에 두른 후, 시접을 접고 공그르기로 이어줍니다. 이후 과정은 '보이 리본 타이'와 동일합니다.

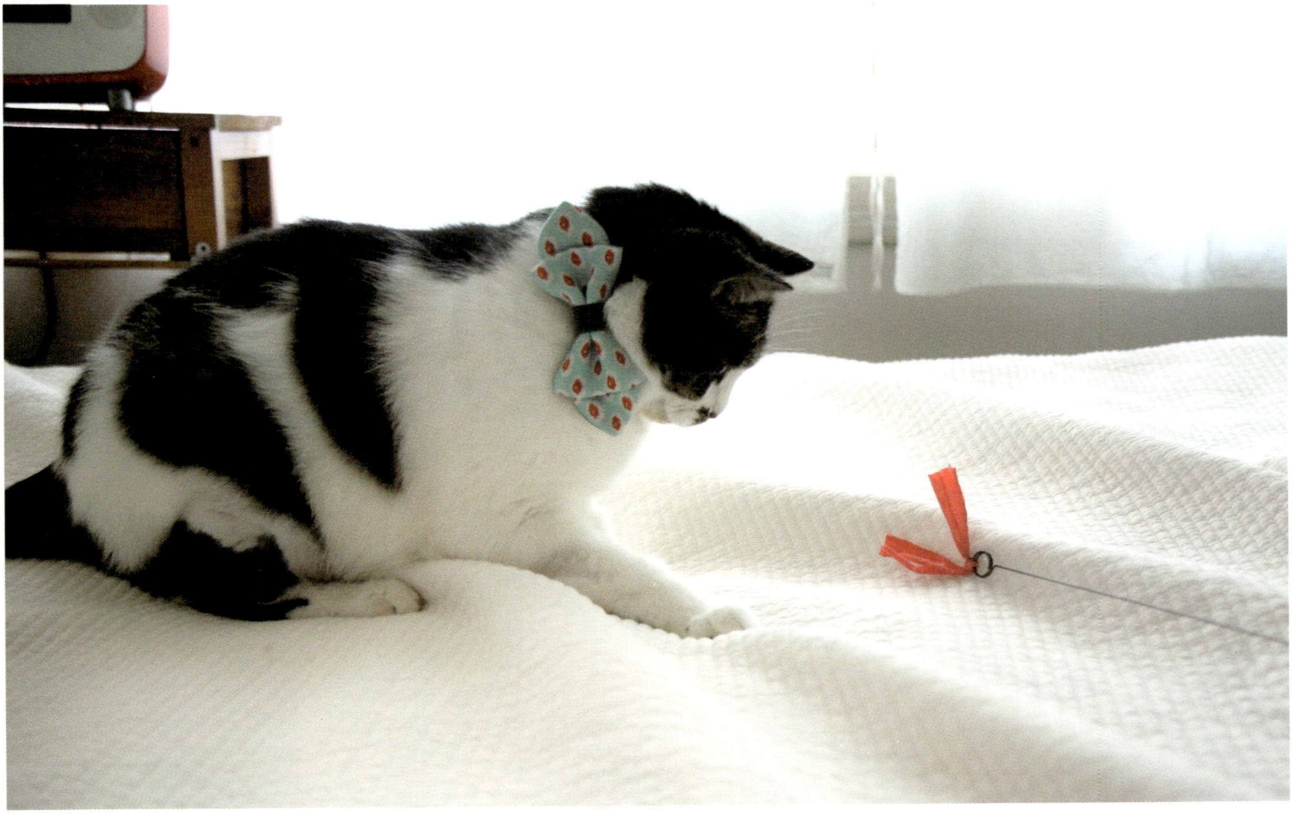
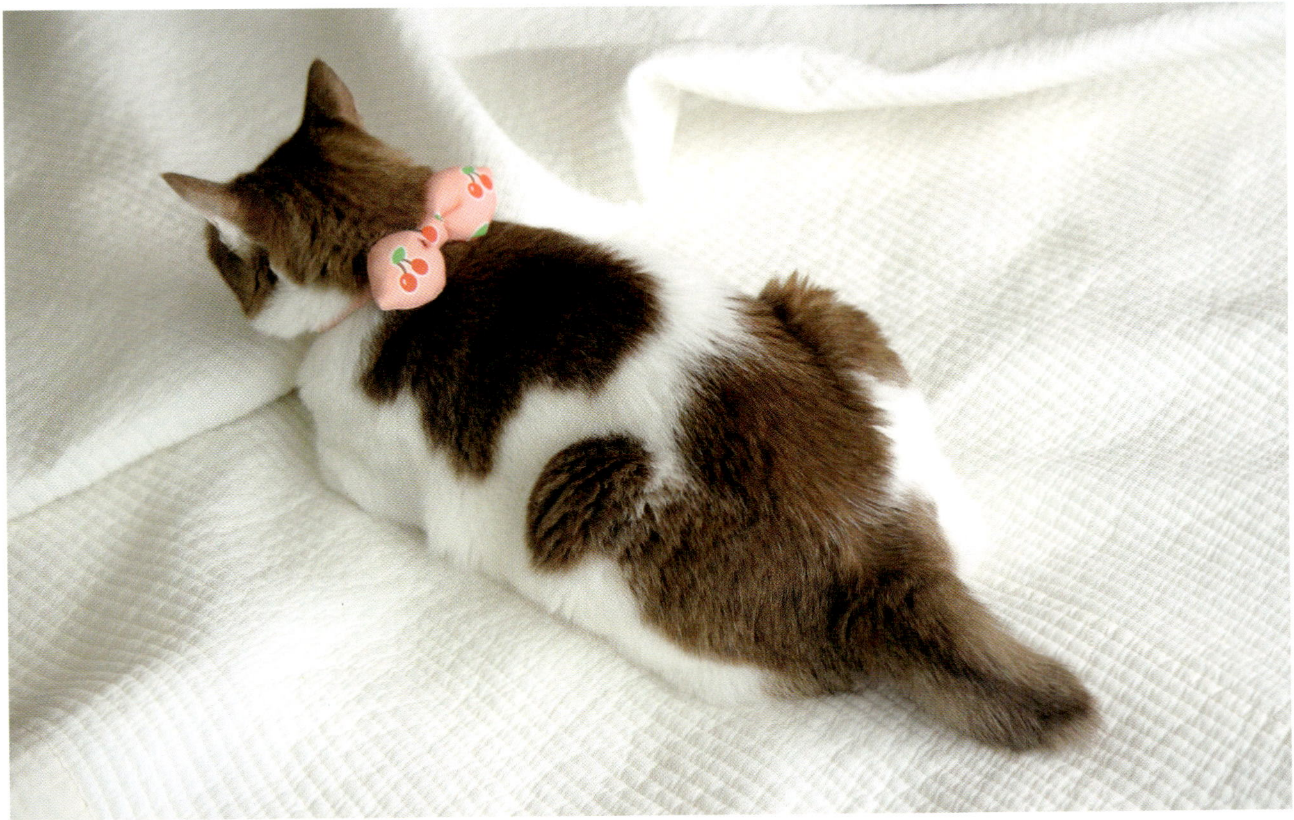

물고기 바디 필로우

낮잠을 자는 동안 큰 물고기를 잡는 기분 좋은 꿈을 꾸도록
도와줄 물고기 바디 필로우.
잠잘 때 집사 다리나 어딘가 기대어 잠을 자는 습성의 고양이들에게
꼭 필요한 물고기 모양 바디 필로우예요.
쿠션 안에 캣닢팩을 넣어 만들면 호감도가 더욱 상승해요!

🐱 **완성 사이즈** 폭 8.5cm, 길이 33.5cm

How to Make

재료

머리
그레이 리넨 원단(10x12cm) 2장

몸통
패턴 리넨 원단(30x12cm) 2장

부재료
방울솜

도안

실물 도안 별지

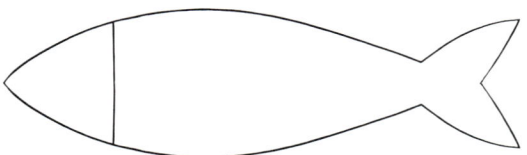

1 ▸ 재단하기

원단의 안쪽 면에 패턴을 대고 그린 뒤 시접 1cm를 주고 재단합니다.

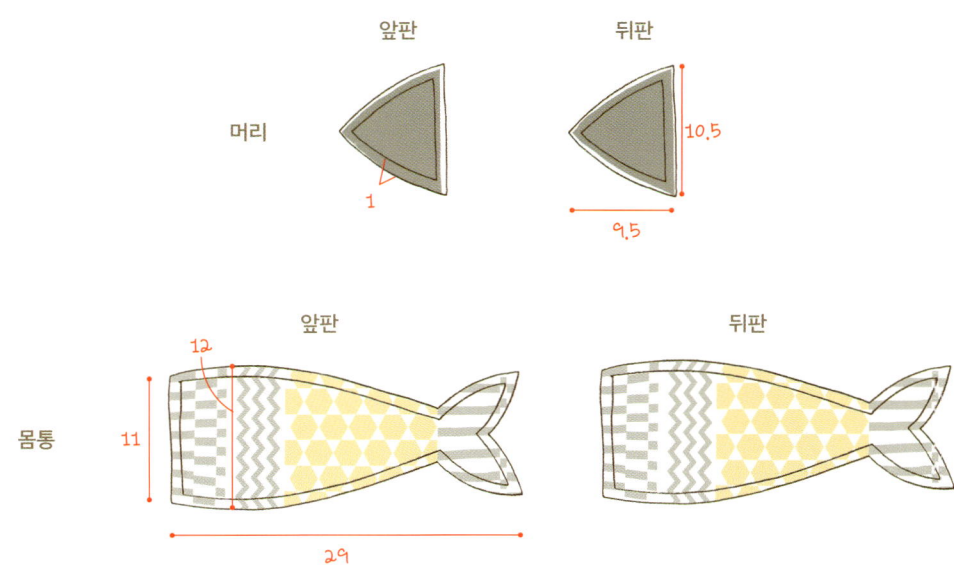

2 ▸ 바느질하기

01 몸통과 머리 원단 앞판을 서로 겉이 마주보도록 포갠 후 박음질합니다.

02 원단을 펼치고 시접을 몸통으로 꺾은 후, 원단 겉면 위에서 상침합니다. 같은 방법으로 뒤판도 완성합니다.

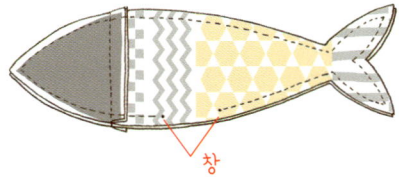
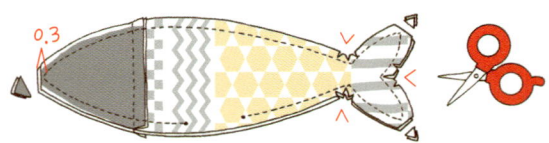

03 앞판과 뒤판 원단을 서로 겉이 마주 보도록 포갠 후, 창구멍을 남기고 박음질합니다.

04 원단의 뾰족한 시접은 0.3cm를 남기고 재단하고 굴곡진 곳은 가위집을 내줍니다. 창구멍으로 원단을 뒤집고 모양을 정리합니다.

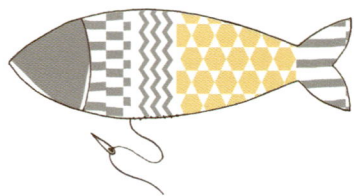

05 물고기 모양이 잘 잡히도록 창구멍으로 방울솜을 빽빽이 넣어줍니다 (캣닢팩을 넣어주면 더 좋아해요).

06 창구멍을 공그르기로 막아줍니다.

고양이 뽕주댕 베개 쿠션

몽실몽실한 부드러운 감촉이 좋은 베개 쿠션이에요.
고양이의 깜찍한 입모양을 모티브로 만든 재미있는 디자인의 쿠션으로
오목하게 들어간 홈에 턱을 괴고 눕기 좋은 구조입니다.

🐱 **완성 사이즈** 가로 26cm, 세로 12cm

How to Make

재료

입
단면 양털 원단(32x20cm) 2장

코
핑크 리넨 원단(20x10cm) 1장

부재료
자수실, 방울솜

도안

실물 도안 p.257

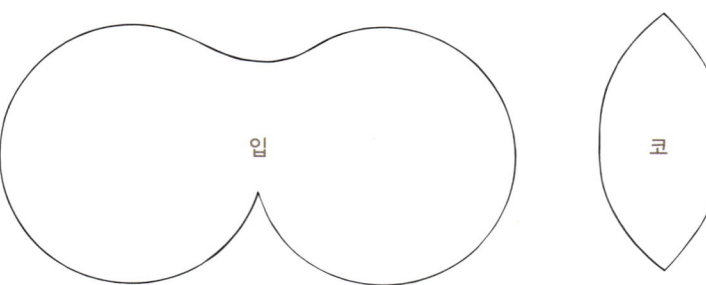

1 ▸ 재단하기

원단의 안쪽 면에 패턴을 대고 그린 뒤 시접 1cm를 주고 재단합니다.

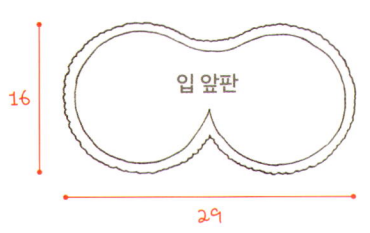
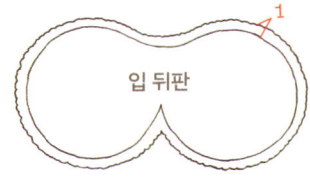
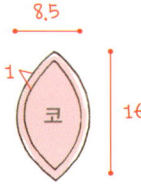

2 ▸ 바느질하기

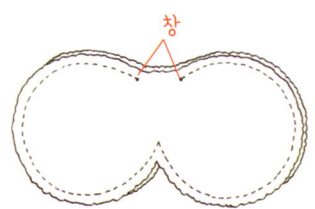

01 입 원단의 앞판과 뒤판을 서로 겉이 마주보도록 포갠 후, 창구멍을 남기고 둘레 전체를 박음질합니다.

02 뒤집었을 때 모양이 잘 잡히도록 가위집을 내준 후, 창구멍으로 원단을 뒤집고 모양을 정리합니다.

03 창구멍으로 방울솜을 채웁니다.

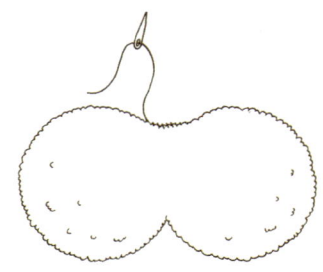

04 창구멍을 공그르기로 마감합니다.

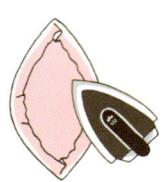 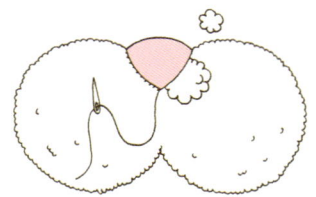

05 코 원단은 시접을 안으로 접어 다림질하고 입 중앙에 배치한 후, 공그르기로 부착합니다. 공그르기의 한 면이 남았을 때 방울솜을 소량 넣어 코에 볼륨을 준 뒤 공그르기로 마감합니다.

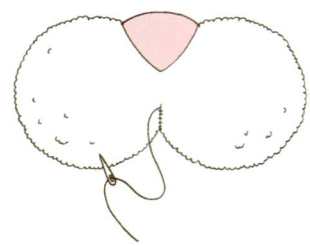

06 벌어진 쿠션 중앙의 간격을 앞뒤로 3cm가량 공그르기로 이어 붙여줍니다.

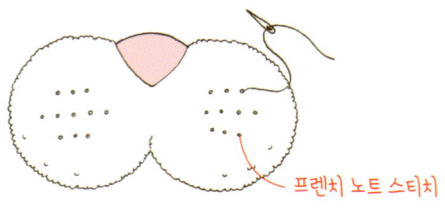

07 쿠션 앞판에 자수실로 프렌치 도트 스티치를 놓아 고양이의 수염 자국을 표현해줍니다.

프렌치 노트 스티치

수납형 원목 식탁

집사의 생활 속에서 유용한 멀티탭 정리 박스를 이용해서
고양이를 위한 식탁으로 변신시켜주세요.
원목 상판에 그릇 사이즈만큼 구멍을 내어
멀티탭 정리 박스 위에 얹어주면 간단히 식탁 완성!
박스 안에 급여 중인 사료나 간식을 효율적으로
보관할 수 있는 수납형 식탁이 된답니다.

🐱 **완성 사이즈** 가로 42cm, 세로 20cm, 높이 14.5cm

How to Make

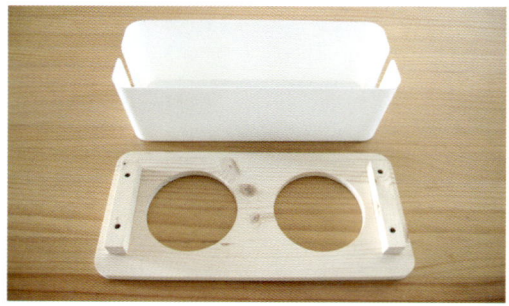

재료

상판
스프러스 집성목(두께 1.5cm, 길이 42cm, 폭 20cm) 1개

간격 각재
스프러스 집성목 각재(두께 2.4cm, 길이 14cm) 2개

하부 프레임
멀티탭 정리함(대) (가로 41cm, 세로 16cm, 높이 13.5cm) 1개

부재료

목공용 나사못(길이 25mm) 여러 개, 샌드페이퍼(300방) 1장, 무광 바니쉬

※ 식탁에 사용 가능한 그릇 사이즈 : 지름 13.5~13.7cm의 앞 접시 ex) 코렐 앞접시

원목은 DIY 쇼핑몰에서 목재 절단 서비스와 여러 가지 추가가 공 서비스를 포함하여 판매하고 있어 필요한 원목의 사이즈의 기입만으로도 편리하게 주문하여 사용할 수가 있습니다.

1 ▸ 목재 주문과 재료 준비하기

식탁 상판은 스프러스 집성목을 폭 20cm, 길이 42cm로 주문하고, 추가가공으로 상판의 각 모서리 4곳은 [모서리 라운딩] 가공을 하고 그림과 같은 위치에 원형 타공을 두 개 내어 주문합니다.

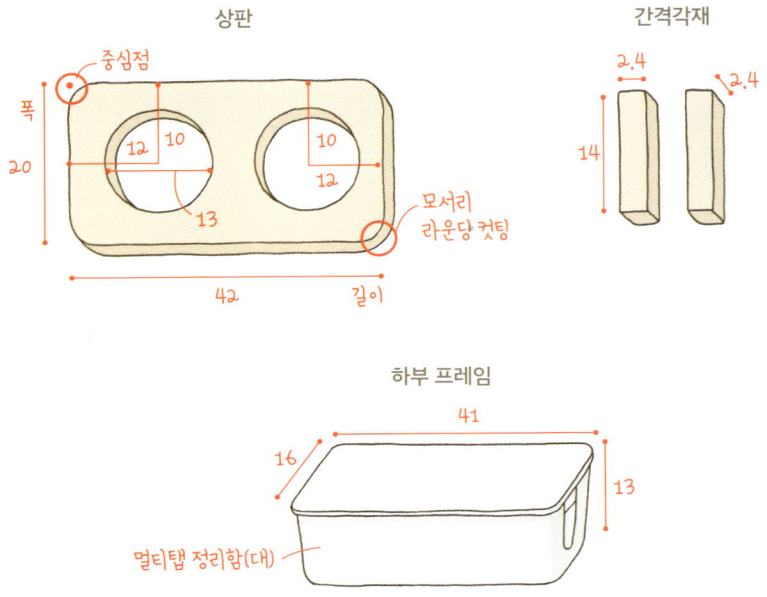

※ 추가 가공 원형 타공 주문 예시) 타공 위치의 가로 x 세로, 타공 사이즈
▶ 목재 왼쪽 상단 중심점으로부터 12x10cm, 타공 지름 13cm
   목재 오른쪽 상단 중심점으로부터 12x10cm, 타공 지름 13cm

2. 조립하기

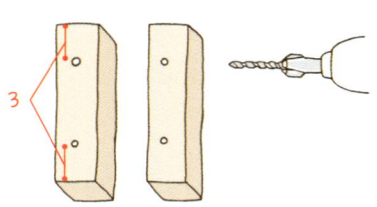
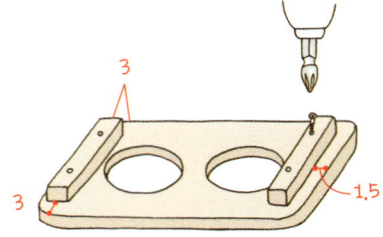

01 전동드릴의 드릴척에 이중드릴 비트를 끼우고, 간격 각재에 그림과 같은 위치에 적당한 깊이로 구멍을 내줍니다.

02 식탁 상판 뒤판이 위를 향하도록 눕히고, 그림에서 제시한 위치에 간격 각재를 올리고 나사못으로 고정합니다.

3. 마무리하기

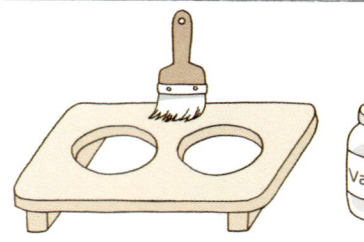

01 식탁 전체를 손으로 만졌을 때 나뭇결의 거친 표면이 느껴지지 않도록 샌드페이퍼 300방으로 식탁 표면과 굴곡진 부분을 가볍게 샌딩합니다.

02 식탁 겉면 전체에 무광 바니쉬를 얇게 1~2회 발라줍니다.
바니쉬는 식탁 위에 사료가 떨어졌을 때 원목에 기름이 스며들어 변색되는 것을 방지하며 스크래치를 방지합니다.

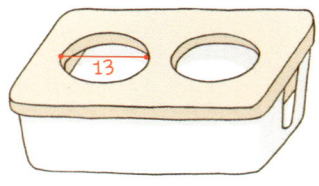

03 멀티탭 정리함의 뚜껑을 제거하고 식탁 상판을 끼워 사용합니다. 정리함 안에 급여중인 사료와 간식을 보관하세요.

심플 식탁 매트

고양이의 식탁 아래 넓고 깨끗한 매트를 깔아주세요.
패턴 원단에 누빔 처리 된 미끄럼방지 원단을 덧대어 심플하게 만든 매트로
잦은 세탁에도 모양 변형이 없으며, 위생적인 관리가 가능해요.
특히 겨울철 차가운 바닥에 소중한 고양이의 예쁜 젤리가 닿는 게 걱정된다면
심플 식탁 매트가 해결해줄 거예요.

🐾 **완성 사이즈** 가로 65cm, 세로 43cm

How to Make

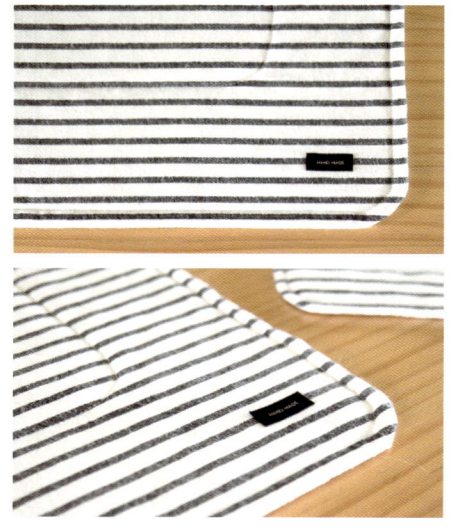

재료

앞판
워싱 선염 스트라이프 20수 코튼 원단(68x46cm)

뒤판
누빔 미끄럼방지 원단(68x46cm)

부재료
라벨

1 ⊷ 재단하기

식탁 매트의 앞판과 뒤판 원단을 제시한 사이즈로 재단한 후, 모서리 4곳은 둥글려서 재단합니다.

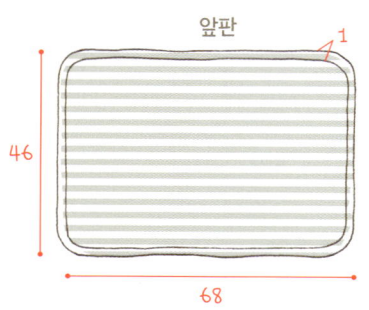

앞판

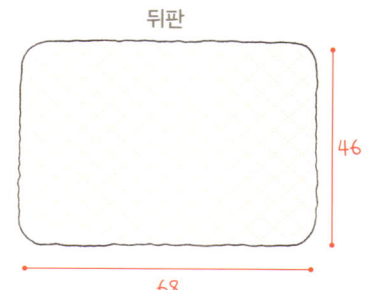

뒤판

2 ·ᐟ 바느질하기

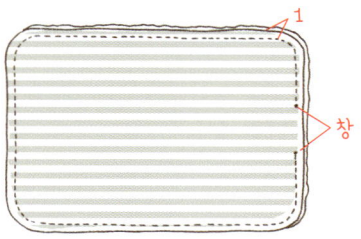

01 앞판과 뒤판 원단을 서로 겉이 마주 보도록 포갠 후, 창구멍을 남기고 둘레 전체를 박음질합니다.

02 창구멍으로 원단을 뒤집어 모양을 정리하고 창구멍은 공그르기로 막아 줍니다.

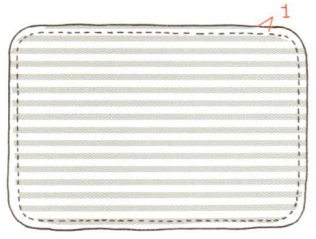

03 완성선으로부터 1cm 안으로 둘레 전체를 상침합니다.

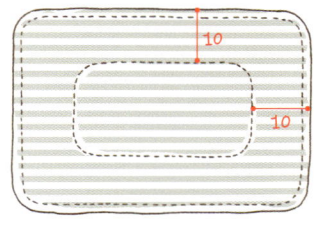

04 매트 중심에 원단용 펜으로 모서리가 둥근 직사각형을 그린 후 직사각형 모양을 따라 박음질합니다.

05 원하는 라벨을 달아 완성합니다.

워터 퐁퐁 급수기

고양이에게 물은 굉장히 중요하죠.
그러나 집사 마음처럼 충분한 물을 먹어주지 않는 고양이들.
워터 퐁퐁 급수기는 물에 흐름을 주어 고양이의 호기심을 자극해
물에 대한 호감을 높이기 위해 만든 급수기입니다.
주변에서 쉽게 구할 수 있는 재료로 뚝딱 완성할 수 있어요.

🐱 **완성 사이즈** 가로 24cm, 세로 27cm, 높이 10cm

How to Make

재료

수반
지름 24cm 이상 믹싱볼 또는 세라믹 볼 1개, 실리콘 원형 깔때기 1개, 수중 모터(3W) 1개, 수족관 투명 PVC 에어호스(내경 8mm, 외경 11mm, 길이 3cm) 1개

1 ▸ 재료 준비하기

수반은 수중모터의 흡착판(큐방)이 잘 붙을 수 있도록 바닥에 흠집이나 돌기가 없이 매끄럽고 평평한 그릇을 준비합니다.

에어 호스

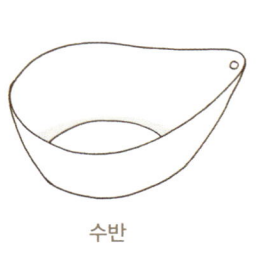
수반

수중 모터

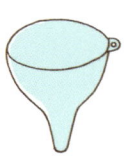
실리콘 깔때기

2. 조립하기

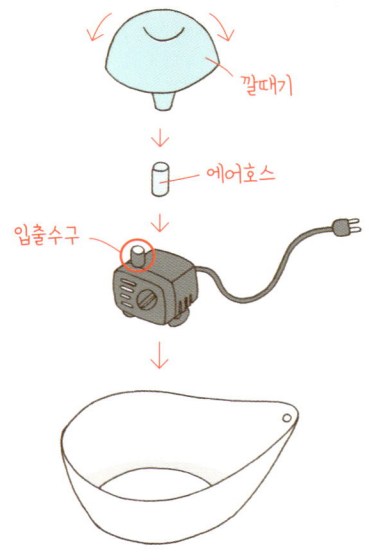

02 수반에 물을 채우고 깔때기를 손으로 눌러 깔때기 안의 공기를 뺀 뒤, 급수기를 콘센트에 꽂아 사용합니다.

01 깔때기의 넓은 입구 부분을 뒤집고, 좁은 통 모양의 아랫부분은 에어호스에 끼웁니다. 에어호스는 수중모터의 입출구에 끼우고 수반 바닥에 수중모터를 붙입니다.

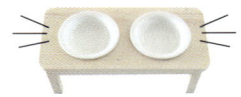

베이직 원목 식탁

고양이를 위한 베이직한 디자인의 원목 식탁을 소개합니다.
원목 상판과 각재만을 이용해 단순하게 만든 식탁으로 원목 그대로의 따뜻한 느낌을 살려
코팅으로만 마감한 원목 식탁입니다.
베이직 원목 식탁은 고양이가 식사할 때 고개를 숙이지 않아도 되도록
적절한 높이 감을 주어 편안한 식사를 도와준답니다.

🐱 **완성 사이즈** 가로 42cm, 세로 20cm, 높이 14.5cm

How to Make

재료

상판
스프러스 집성목(두께 1.5cm, 길이 42cm, 폭 20cm) 1개

간격 각재
- 스프러스 집성목 각재(두께 2.4cm, 길이 14cm) 2개
- 스프러스 집성목 각재(두께 2.4cm, 길이 34cm) 2개

다리
스프러스 집성목 각재(두께 2.4cm, 길이 13cm) 4개

부재료

목공용 나사못(길이 25mm) 여러 개, 샌드페이퍼(300방) 1장, 무광 바니쉬, 목공본드

※ 식탁에 사용 가능한 그릇 사이즈 : 지름 13.5~13.7cm의 앞접시 ex) 코렐 앞접시

원목은 DIY 쇼핑몰에서 목재 절단 서비스와 여러 가지 추가 가공 서비스를 포함하여 판매하고 있어 필요한 원목의 사이즈의 기입만으로도 편리하게 주문하여 사용할 수가 있습니다.

1 ▸ 목재 주문과 재료 준비하기

식탁 상판은 스프러스 집성목을 폭 20cm, 길이 42cm로 주문하고, 추가가공으로 상판의 각 모서리 4곳은 [모서리 라운딩]을 하고 그림과 같은 위치에 원형 타공을 두 개 내어 주문합니다.(식탁 상판의 사이즈는 수납형 식탁 상판과 동일합니다)

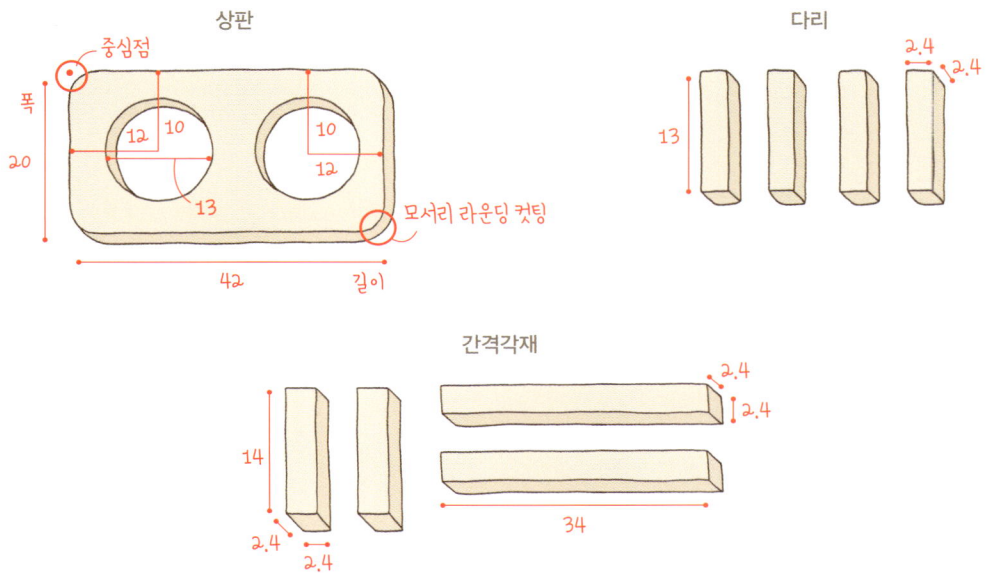

※ 추가 가공 원형 타공 주문 예시) 타공 위치의 가로 x 세로, 타공 사이즈
▶ 목재 왼쪽 상단 중심점으로부터 12x10cm, 타공 지름 13cm
　목재 오른쪽 상단 중심점으로부터 12x10cm, 타공 지름 13cm

2 조립하기

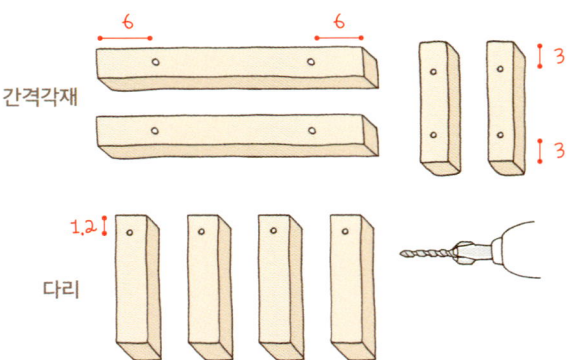
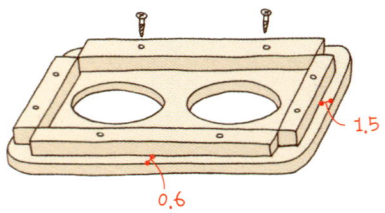

01 전동드릴 드릴척에 이중 드릴 비트를 끼우고, 간격 각재와 식탁 다리의 표시한 곳에 적당한 깊이로 구멍을 내줍니다.

02 식탁 상판의 뒤판이 위를 향하도록 눕히고, 제시한 위치에 간격 각재를 올리고 나사못으로 고정합니다.

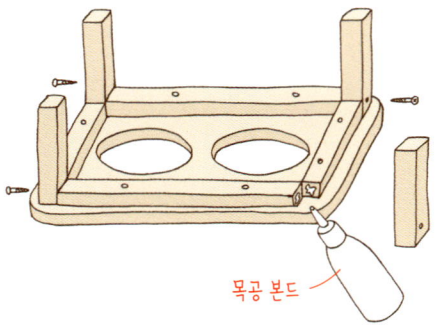

03 식탁 다리를 고정할 면에 목공본드를 얇게 펴 바른 뒤, 다리를 올리고 나사못으로 고정합니다.

3 ▸ 마무리하기

01 식탁 전체를 손으로 만졌을 때 나뭇결의 거친 표면이 느껴지지 않도록 샌드페이퍼 300방으로 식탁 표면과 굴곡진 부분을 가볍게 샌딩합니다.

02 식탁 겉면 전체에 무광 바니쉬를 얇게 1~2회 발라줍니다. 바니쉬는 식탁 위에 사료가 떨어졌을 때 원목에 기름이 스며들어 변색되는 것을 방지하며 스크래치를 방지합니다. 바니쉬가 완전히 건조되면 그릇을 올리고 사용합니다.

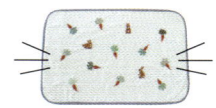

토끼와 당근 자수 식탁매트

빨간 당근 밭에 귀여운 토끼가 뛰노는 자수 식탁매트.
한 땀 한 땀 고양이에 대한 사랑으로 완성해가는 자수 식탁매트는
작은 오브젝트가 모여 패턴을 이루는 소품이에요.
시간과 정성이 많이 들어가지만 집사에게 바느질의 소소한 즐거움까지 선물한답니다.
내가 만든 소품으로 고양이의 살림살이를 채워주세요.

완성 사이즈 가로 60cm, 세로 41cm

How to Make

재료

앞판
블루 스트라이프 데님 원단(60x41cm) 1장,
4온스 접착솜(60x41cm) 1장

뒤판
미끄럼 방지 원단(60x41cm) 1장

부재료
자수실, 니트 바이어스(폭 4cm) 3마

🐾 도안

실물 도안

1 ▸▸ 재단하기

원단을 제시한 사이즈에 맞춰 재단한 후 모서리 4곳은 둥글려서 재단합니다.

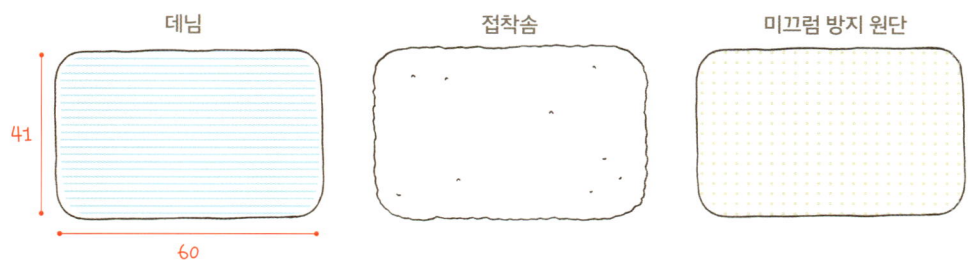

2 ▸▸ 자수 놓기

데님 원단 위에 여러 개의 당근과 토끼를 일정한 간격을 유지하여 밑그림을 그린 뒤, 수를 놓아줍니다.

3. 접착솜 붙이기

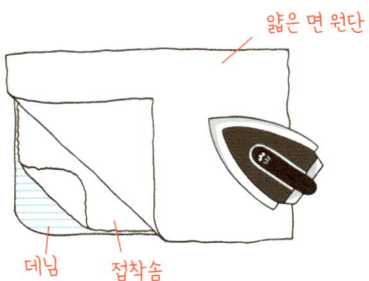

수놓은 데님 원단의 안쪽 면이 위를 향하도록 펼친 후, 접착솜에 물을 뿌리고 오돌토돌한 돌기가 있는 면이 데님 원단 안쪽 면과 맞닿도록 포갭니다. 접착솜 위에 얇은 면원단을 올리고 다림질로 접착솜과 데님 원단을 부착합니다.

Tip 얇은 면 원단의 기능 : 접착솜은 폴리에스터 100%로 다리미의 열에 의해 녹는 것을 방지합니다.

4. 바느질하기

 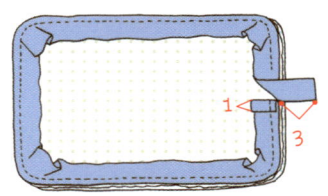

01 데님 원단의 안쪽 면(접착솜)과 미끄럼방지 원단의 안쪽 면이 서로 마주보도록 포갠 후, 시접 1cm를 두고 둘레 전체를 박음질합니다.

02 미끄럼방지 원단이 위를 향하도록 원단을 펼치고 원단 둘레를 따라 바이어스를 두른 후, 완성선의 1cm 안으로 둘레 전체를 박음질합니다. 바느질 전, 바이어스의 시작점은 1cm를 접고 바이어스 끝은 3cm의 여유를 두고 자릅니다.

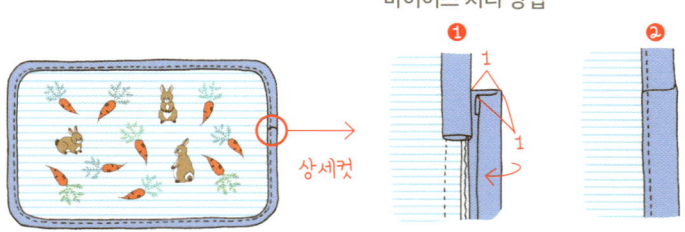

03 원단을 뒤집어 수놓은 데님 원단이 위를 향하도록 펼치고 바이어스를 매트 앞판 쪽으로 꺾은 후, 바이어스의 시접 1cm를 접어 넣고 매트 둘레 전체를 박음질합니다.

고양이 얼굴 플레이 매트

나의 고양이만을 위한 고양이 전용 매트를 만들어보세요.
고양이 얼굴 모양의 매트는 차가운 맨 바닥보다는 부드러운 패브릭이나
푹신한 질감을 좋아하는 고양이에게 놀이와 휴식을 모두 제공할 플레이 전용 매트예요.
기분이 다운되어 보이는 날 매트 위에서 캣닢 파티를 해주고
청소하기에도 용이하답니다.

완성 사이즈 가로 70cm, 세로 58cm

How to Make

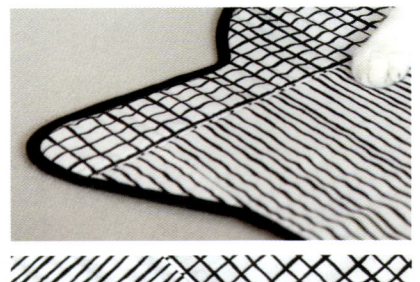

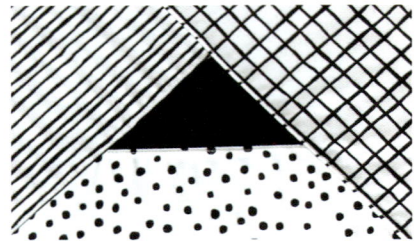

재료

앞판(패턴 20수 코튼 원단)
체크(69x34cm) 1장, 스트라이프(32.5x38cm) 1장,
도트(53x26cm) 1장, 블랙(15.5x9cm) 1장

뒤판(누빔 미끄럼방지 원단)
70x58cm 1장

부재료
니트 바이어스(4cm 폭) 3마, 라벨

🐾 도안

실물 도안 별지

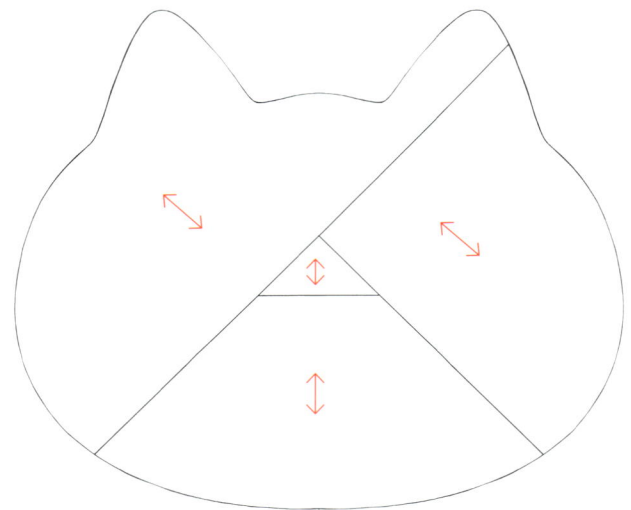

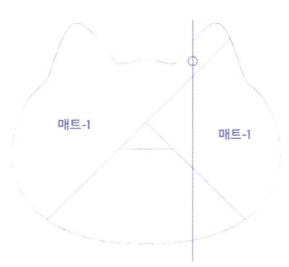

매트 실물도안을 사용할 때는
매트 1, 2을 붙여서 사용해 주세요.

1 ▸ 재단하기

원단의 안쪽 면에 패턴을 대고 그린 뒤, 시접 1cm를 주고 재단합니다.

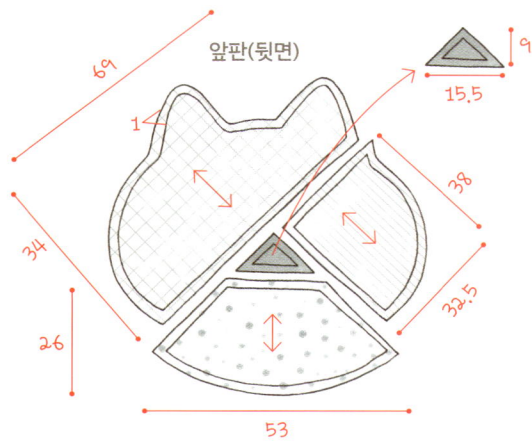

2 ▸ 바느질하기

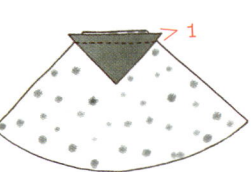

01 도트 원단과 블랙 무지 원단을 서로 겉이 맞닿도록 포개고 상단을 박음질합니다.

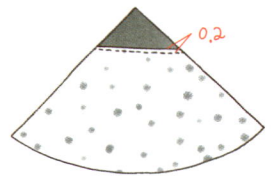

02 원단을 펼치고 시접은 아래로 꺾은 후, 도트 원단 위를 상침합니다.

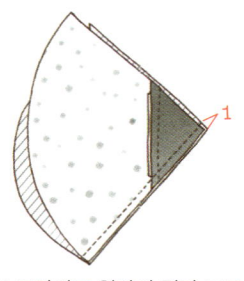

03 스트라이프 원단의 겉과 도트 원단의 겉이 서로 마주보도록 포갠 후, 박음질합니다.

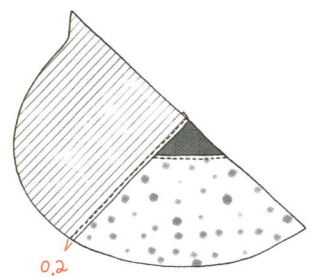

04 원단을 펼치고 시접을 스트라이프 원단 쪽으로 꺾은 후, 스트라이프 원단 위를 상침합니다.

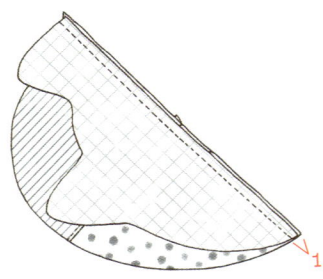

05 스트라이프와 도트가 패치된 원단의 겉과 체크 원단의 겉이 서로 마주보도록 포갠 후, 박음질합니다.

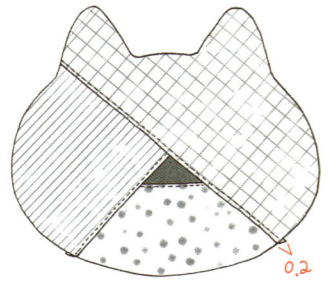

06 원단을 펼치고 시접을 체크 원단 쪽으로 꺾은 후, 체크 원단 위를 상침합니다.

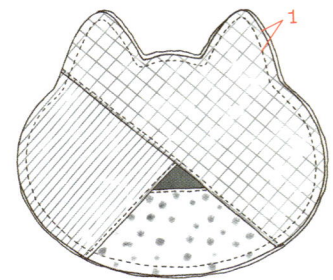

07 완성된 앞판의 안과 누빔 미끄럼방지 원단의 안이 서로 마주보도록 포갠 후, 둘레 전체를 박음질하여 매트 앞판과 뒤판을 고정합니다.

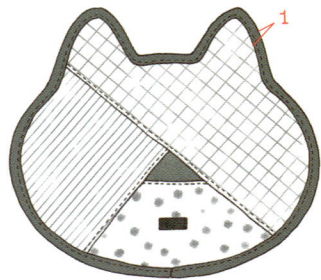

08 매트 둘레의 시접은 바이어스 처리하고 원하는 위치에 라벨을 달아 장식합니다.

우산 캐노피

고양이가 좋아하는 공간에 아늑함을 더해줄 우산 캐노피.
밥상 덮개의 프레임을 이용한 돔 모양의 아담한 캐노피로 고양이의 식탁 위나
좋아하는 쿠션 위에 적당한 높이로 달아주면
평범했던 공간을 특별한 공간으로 만들어줄 거예요.

완성 사이즈 가로 60cm, 세로 60cm, 높이 26cm

How to Make

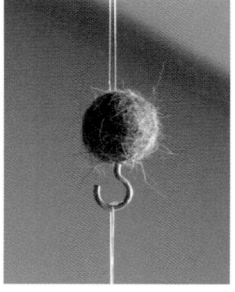
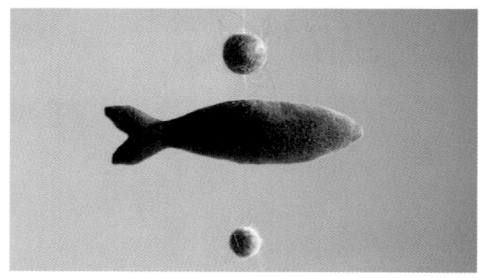

재료

캐노피 커버
방수 원단(33x38cm) 6장

물고기 오너먼트
블랙 리넨 원단(20x10cm) 2장

캐노피 프레임
6각 원터치 밥상 덮개(60cm) 1개

부재료

?모양 후크 1개, 0.8mm 우레탄 줄(낚시줄), 고양이 털뭉치, 방울솜

※ 원터치 밥상 덮개는 기존의 겉 커버를 분리해내고 프레임만 사용합니다. 창의력을 발휘하면 밥상 덮개의 뼈대는 DIY의 좋은 재료가 됩니다.

도안

실물 도안 별지

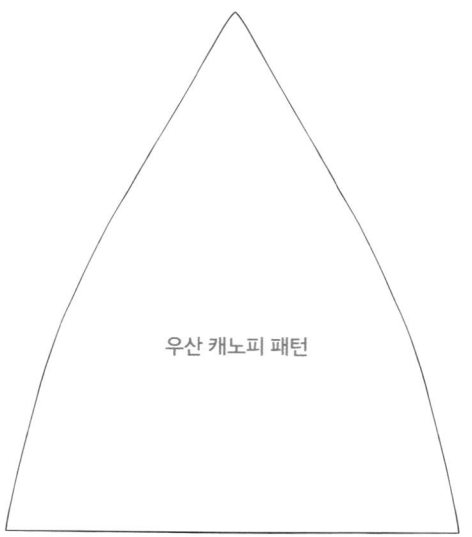

우산 캐노피 패턴

실물 도안 p.258

우산 캐노피 물고기 오너먼트

1. 원단 재단과 재료 준비하기

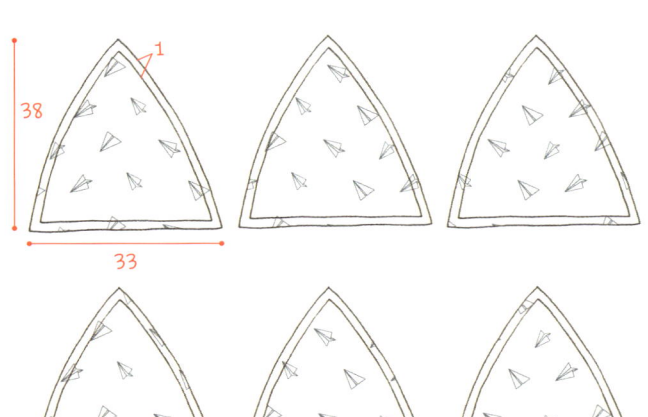

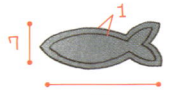 

원단 : 원단의 안쪽 면에 패턴을 대고 그린 뒤, 시접 1cm를 주고 재단합니다.

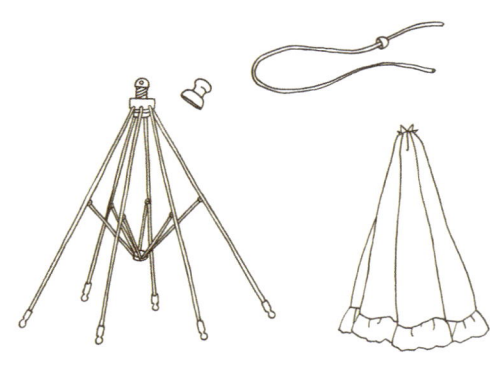

원터치 밥상 덮개 : 원터치 밥상 덮개의 줄을 분리해낸 뒤, 상단의 꼭지 부분을 손으로 돌려 몸체에서 뚜껑을 분리합니다. 철사에 고정되어 있는 실밥을 뜯어, 씌워져 있던 커버 원단을 걷어내고 철사 프레임만 준비합니다.

2 바느질하기

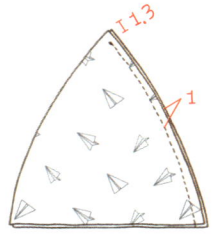

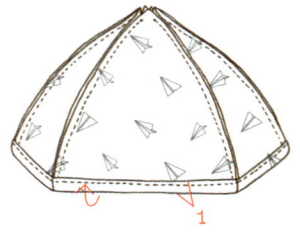

01 방수 원단 두 장을 서로 겉이 마주보도록 포갠 후, 꼭지점으로부터 1.3cm를 남기고 한 면을 박음질하여 이어줍니다. 커버 6장을 같은 방법으로 모두 이어 6각 면을 만듭니다.

02 시접을 0.5cm 남기고 재단합니다.

03 밑단의 시접 1cm를 접어 올리고 밑단 둘레 전체를 박음질합니다.

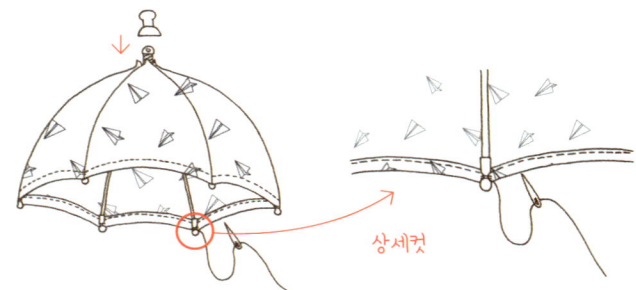

상세컷

03 철사 프레임에 커버를 씌우고 꼭지에 뚜껑을 돌려 끼워 커버 원단의 꼭지를 고정합니다. 철사 끝에 고정된 플라스틱 홈에 커버 원단의 이음선을 잘 맞추고 바느질로 고정합니다.

3 오너먼트 만들기

🐱 물고기 만들기

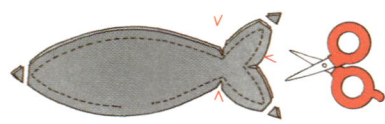

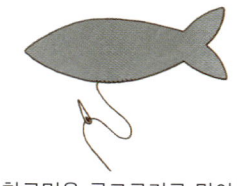

01 물고기 원단의 앞판과 뒤판을 서로 겉이 마주보도록 포갠 후, 창구멍을 남기고 박음질합니다. 굴곡진 부분에 가위집을 주고 창구멍으로 원단을 뒤집어 줍니다.

02 창구멍으로 방울솜을 채워줍니다.

03 창구멍을 공그르기로 막아줍니다.

🐱 고양이 털 공 만들기

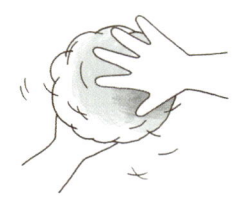

01 고양이를 빗질하여 나온 털을 버리지 않고 모아둡니다(털 공 1개 당 대략 10회 이상의 빗질로 모아진 털).

02 모은 털을 손바닥 위에 올리고 다른 손을 이용해 솜사탕을 뭉치듯이 조심조심 돌려가며 둥그런 모양을 만듭니다. 손으로 계속 돌려가며 점차적으로 털 공의 부피를 줄여갑니다.

03 크기가 어느 정도 작아졌을 때 양 손바닥에 힘을 주어 돌립니다. 공을 손가락으로 눌렀을 때 단단하면 완성입니다. 같은 방법으로 털 공을 2~3개 만듭니다.

4 ▸▸ 마무리하기

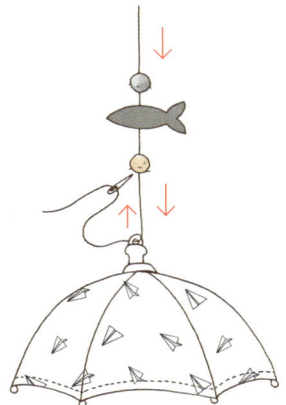

01 캐노피를 설치할 위치를 선정하고 천장과 캐노피와의 높이를 잰 뒤, 그 높이보다 2.5배 되는 길이로 우레탄 줄을 자릅니다. 줄을 바늘에 끼우고 장식 오너먼트의 무게 중심을 통과시킨 후, 캐노피의 꼭지에 난 고리를 통과시킵니다. 바늘을 다시 역방향으로 오너먼트를 통과시킨 후, 우레탄 줄을 매듭 지어줍니다.

02 천장에 ?후크를 달아주고 캐노피의 줄을 걸어 사용합니다.

펠트 원반 캐노피

시원한 컬러와 개방감으로 여름에는 햇빛 가리개로,
한밤에는 눈부신 형광등을 차단해줄 펠트 원반 캐노피입니다.
원반 둘레에 코팅 와이어를 넣어 탄탄한 모양을 유지할 수 있어요.
고양이가 좋아하는 장소에 적당한 높이로 설치해주면 집 안에 파라솔을 펼친 듯,
달콤한 낮잠을 청하는 고양이를 볼 수 있어요.

완성 사이즈 지름 80cm, 높이 10cm

How to Make

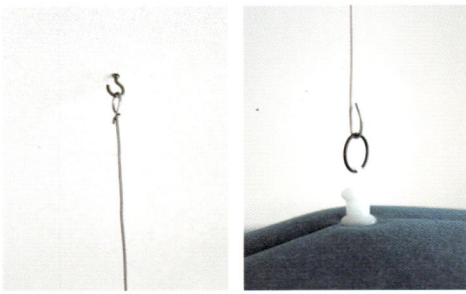

재료

원반
보풀 방지 펠트 원단(두께 2.5mm, 90x90cm) 1장

캐노피 프레임
6각 원터치 밥상 덮개(60cm) 1개

부재료

공예용 코팅 철사(두께 3mm) 250cm, 공예용 코팅 철사(두께 2mm) 1롤(200cm), ?모양 후크 1개, 원형 키링(2cm) 1개

※ 원터치 밥상 덮개는 기존의 겉 커버를 분리해 내고 프레임만 사용합니다. 창의력을 발휘하면 밥상 덮개의 뼈대는 DIY의 좋은 재료가 됩니다.

1. 펠트 재단과 재료 준비하기

펠트

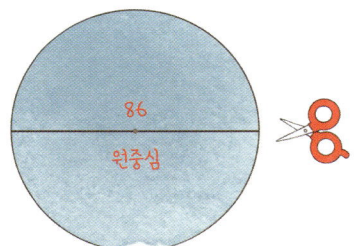

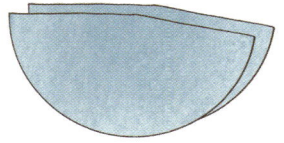

01 펠트지에 지름 86cm의 원을 그리고 재단한 후, 원을 반으로 잘라 반원 2개를 만듭니다.

02 반원의 둘레 한쪽 끝으로부터 길이 5cm 되는 지점을 표시하고, 원 중심과 이어 선을 그린 후, 가위로 잘라냅니다.

03 같은 방법으로 다른 반원도 재단하여 부채꼴 도형 2개를 준비합니다.

원터치 밥상 덮개

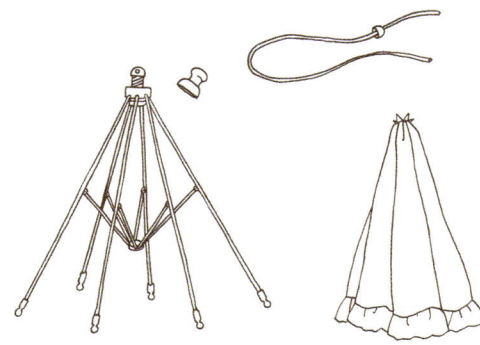

원터치 밥상 덮개의 줄을 분리해낸 뒤, 상단의 꼭지 부분을 손으로 돌려 몸체에서 뚜껑을 분리합니다. 철사에 고정되어 있는 실밥을 뜯어, 씌워져 있던 커버 원단을 걷어내고 철사 프레임만 준비합니다.

2 바느질하기

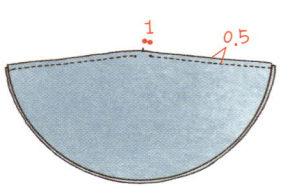

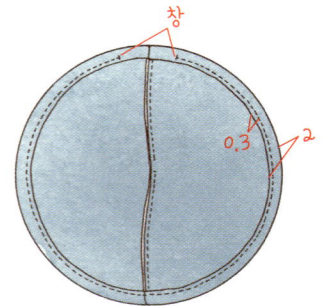

01 부채꼴 도형 2개를 포갠 후, 중심점으로부터 1cm를 제외하고 양 옆 선을 박음질합니다.

02 펠트지를 펼치고 원 둘레 시접을 안으로 2cm 접은 후, 코팅 철사를 넣어줄 창구멍을 남기고 원둘레 전체를 박음질합니다(손바느질은 촘촘한 홈질).

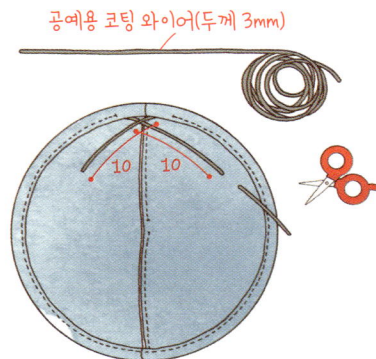

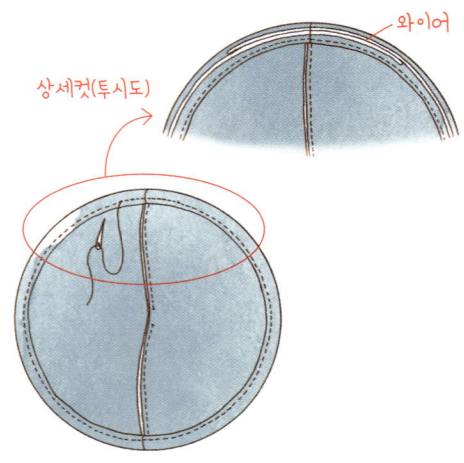

03 두께 3mm 코팅 철사는 말아져 있는 것을 손으로 잘 펴서 직선으로 만들어줍니다. 창구멍으로 철사를 집어넣어 원둘레 전체를 통과시키고, 창구멍으로 철사의 시작점이 다시 나오게 합니다. 두 철사의 교차점으로부터 양 옆으로 10cm의 여유를 두고 절단합니다.

04 시접 안의 철사를 좌우로 손으로 돌려가며 여유분 철사를 시접 안으로 감추고 창구멍은 촘촘한 홈질로 마감합니다.

3 ▸ 프레임 연결하기

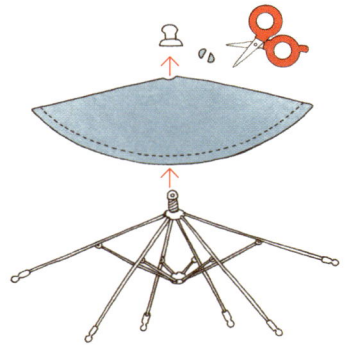

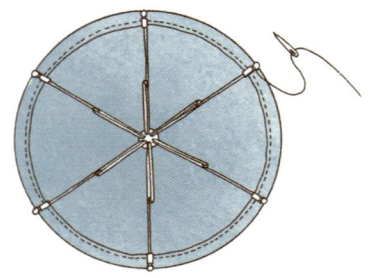

01 원반 중심점을 지름 1cm의 원으로 오려내고 밥상 덮개 프레임에 끼운 후, 꼭지 뚜껑을 돌려 닫아 원반 중심을 프레임에 고정합니다.

02 원반을 뒤집고 프레임의 뼈대 6개를 원반 둘레에 바느질하여 고정해줍니다.

4 ▸ 마무리

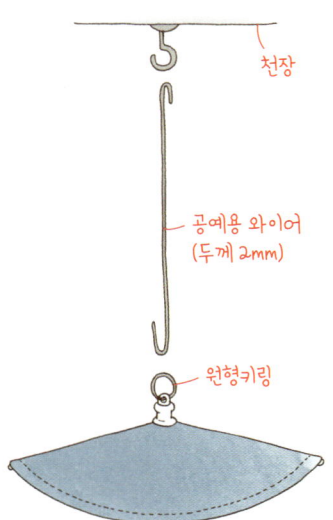

천장에 ?모양 후크를 고정하고 공예용 철사(두께 2mm)를 적당한 길이로 잘라 양끝을 구부려 천장과 캐노피를 연결합니다. 캐노피는 꼭지에 난 고리에 원형 키 링을 걸어줍니다.

Tip 펠트 원반의 수평이 맞지 않아 한쪽으로 기울어질 경우, 프레임 철사 뼈대에 작은 초강력 사각자석 1~2개를 붙여 수평을 맞춥니다.

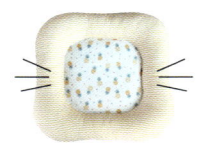

코너 라운딩 사각 쿠션

푹신하고 따뜻한 곳을 좋아하는 고양이에게 쿠션은 생활 필수 아이템이죠.
코너 라운딩 사각 쿠션은 사각이지만 모서리가 둥근 쿠션으로
부드러운 볼륨감이 돋보이는 쿠션이에요.
가장 심플하게 만들 수 있는 쿠션으로, 살짝 오목하게 들어간 쿠션 중앙은
고양이가 누웠을 때 안락함을 느낄 수 있어요.

🐱 **완성 사이즈** 가로 60cm, 세로 60cm, 높이 9cm

How to Make

재료

앞판
오렌지 스트라이프 코튼 20수 원단(72x72cm) 1장

뒤판
민트 무지 코튼 20수 원단(72x72cm) 1장

중앙 사각
파인애플 패턴 코튼 20수 원단(38x38) 1장

부재료
방울솜 1kg 이상

도안

실물 도안 별지

큰 사각 패턴

중앙 사각 패턴

1 ▸ 재단하기

원단의 안쪽 면에 패턴을 대고 그린 뒤, 시접 1cm를 주고 재단합니다.

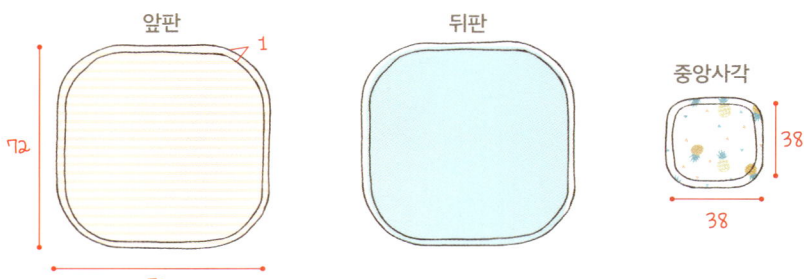

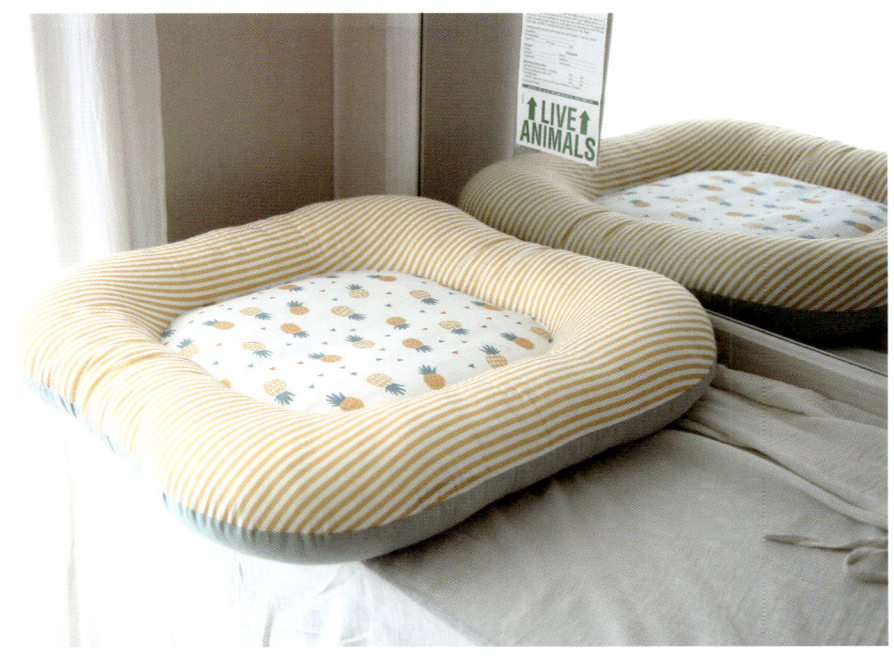

2 바느질하기

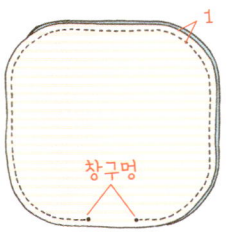

01 앞판의 겉과 뒤 판의 겉면이 서로 마주보도록 포갠 후, 창구멍을 남기고 둘레 전체를 박음질합니다. 창구멍으로 원단을 뒤집고 모양을 정리합니다.

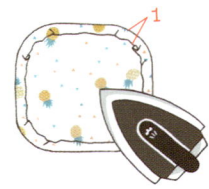

02 중앙 사각 원단은 시접을 안으로 접고 다림질합니다.

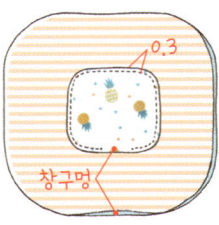

03 쿠션 원단의 중심에 중앙 사각 원단을 시침핀으로 잘 고정한 뒤, 창구멍을 남기고 중앙 사각 둘레를 따라 박음질합니다. 이때 큰 사각형의 창구멍 방향과 같은 위치에 창구멍을 내줍니다.

04 중앙 사각 원단의 창구멍으로 방울솜을 채우고 창구멍은 둘레 바느질 선에 맞춰 상침합니다(박음질 또는 촘촘한 홈질).

05 큰 사각형 둘레에 방울솜을 채웁니다. 모양이 잘 잡히도록 솜을 빽빽이 채워줍니다.

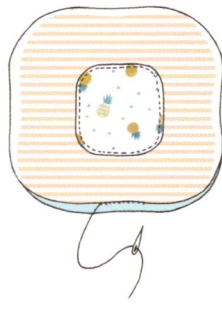

06 창구멍을 공그르기로 막아줍니다.

핑크 플라워 링 쿠션

소녀처럼 사랑스러운 느낌 가득한 핑크 플라워 링 쿠션입니다.
쿠션 둘레에 높이감이 있는 링이 둘러져 고양이가 몸을 말고
잠을 청하기에 안성맞춤인 쿠션이에요.
겉은 링 쿠션 중앙의 플라워 패턴과 잘 어울리는 핑크 리넨 원단으로,
안은 따뜻하고 보드라운 감촉의 벨보아 원단으로 만들어
겨울철에도 따뜻하게 몸을 맡길 수 있답니다.

🐱 **완성 사이즈** 지름 56cm, 높이 14cm

How to Make

재료

옆판
벨보아 털 원단(165x17cm) 1장, 핑크 리넨(165x17cm) 1장

밑판
플라워 리넨(60x60cm) 1장, 핑크 리넨(60x60cm) 1장

부재료
방울솜 1kg 이상

1 ▸ 재단하기

원단의 안쪽 면에 사이즈에 맞춰 패턴을 그린 뒤, 시접 1cm를 주고 재단합니다.

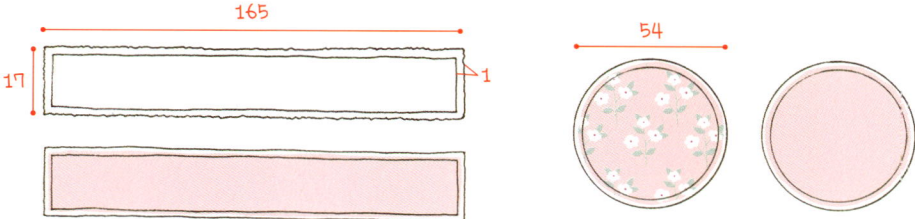

2 ▸ 바느질하기

🐱 옆판 만들기

01 옆판의 겉감(리넨)과 안감(털)원단을 서로 겉이 마주보도록 포갠 후, 상단을 박음질합니다.

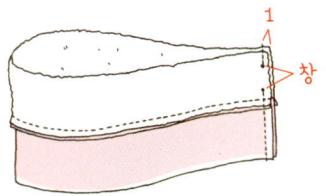 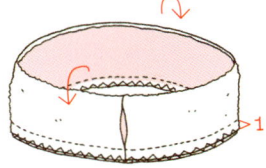

02 옆판을 펼쳐 겉면이 서로 마주보도록 반으로 접은 후, 끝단을 박음질하여 연결합니다. 이때 창구멍을 남기고 박음질합니다.

03 펼쳐진 원단을 겉면이 드러나도록 접은 후, 아랫단 둘레 전체를 박음질하고 시접은 오버로크합니다.

🐾 밑판 만들기

01 밑판의 앞판과 뒤판 원단의 시접을 각각 오버로크합니다.

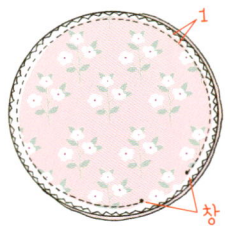

02 앞판과 뒤판 원단을 서로 안이 마주보도록 포갠 후, 창구멍을 남기고 완성선을 따라 원 둘레를 박음질합니다.

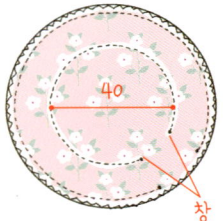

03 밑판 중앙에 지름 40cm의 원을 그리고 과정 02와 같은 위치에 창구멍을 남기고 작은 원 둘레를 박음질합니다.

🐾 옆판과 밑판 연결하기

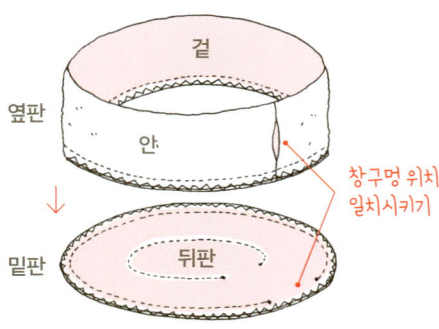

01 밑판은 바닥면이 위를 향하도록 펼쳐 놓고 그 위에 준비한 옆판을 원 둘레에 잘 맞춰 포개어줍니다.

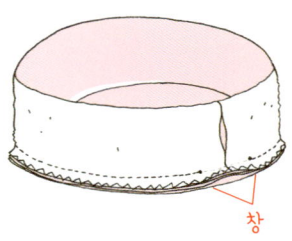

02 밑판과 옆판의 원 둘레를 창구멍을 남기고 박음질하여 연결합니다. 창구멍은 밑판에 있는 창구멍의 위치와 일치시킵니다.

3 ▸ 솜넣기

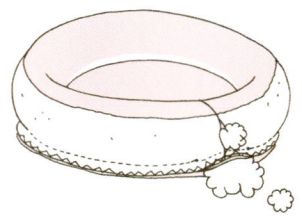

옆판의 창구멍으로 모양이 잘 잡히도록 방울솜을 빽빽이 채워줍니다. 밑판은 지름 40cm의 작은 원 안에만 방울솜을 적당량 채워줍니다.

4 ▸ 마무리하기

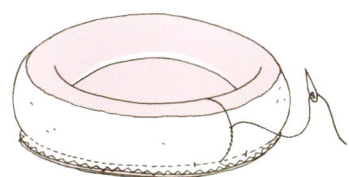

밑판의 둘레 창구멍과 작은 원의 창구멍은 차례로 박음질하여 막아주고 옆판은 공그르기로 창구멍을 막아준 뒤, 시접이 안으로 들어가도록 쿠션을 뒤집어서 모양을 잘 잡아줍니다.

양털 링 쿠션

몽글몽글한 감촉이 귀여운 양털 링 쿠션.
딱딱한 바닥이 싫은 고양이들에게 양털 링 쿠션으로
겨울철 포근한 잠자리를 마련해주세요.
심플한 디자인만큼이나 만드는 방법도 간단해,
집사와 고양이 모두에게 만족감이 큰 쿠션이 되어줄 거예요.

완성 사이즈 지름 56cm, 높이 14cm

How to Make

재료

옆판
단면 양털 원단(165x32cm) 1장

밑판
내추럴 캔버스 원단(54x54cm) 1장

쿠션
단면 양털 원단(42x42cm) 2장

부재료
바이어스(폭 4cm) 2마, 방울솜

1 ᐧ 재단하기

원단의 안쪽 면에 그림에서 제시한 사이즈에 맞춰 패턴을 그린 뒤, 시접 1cm를 주고 재단합니다.

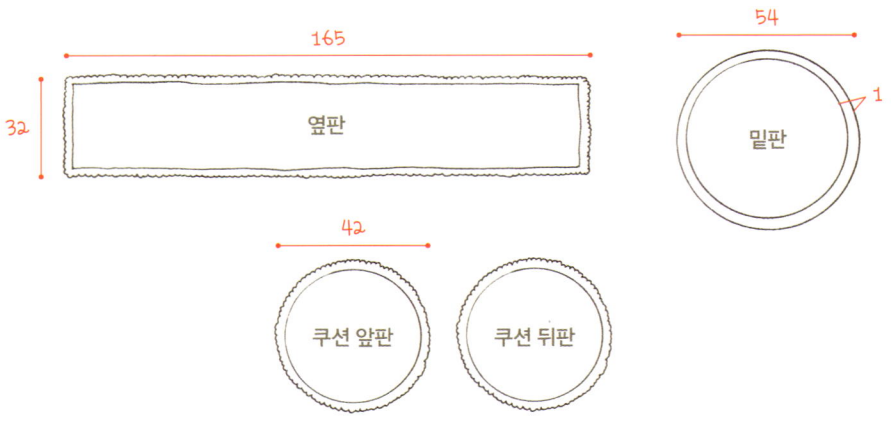

2 바느질하기

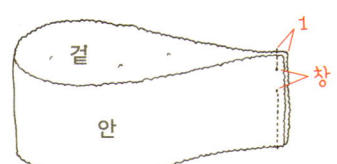

01 옆판의 안감이 겉으로 드러나도록 반으로 접은 후, 10cm의 창구멍을 남기고 끝단을 박음질합니다.

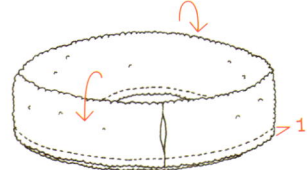

02 옆판을 겉감이 드러나도록 반으로 접은 후, 밑단 둘레 전체를 박음질합니다.

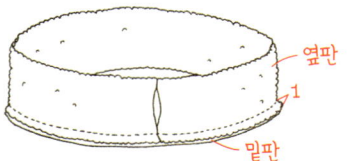

03 밑판을 바닥에 펼치고 옆판을 올려 시접을 잘 맞춘 후, 원 둘레 전체를 박음질합니다.

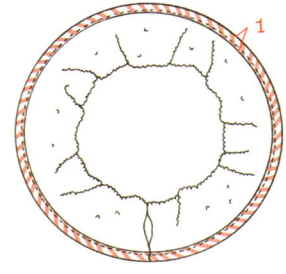

04 원 둘레 시접을 바이어스 처리합니다.

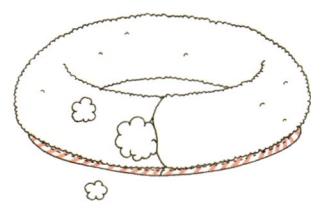

05 창구멍으로 원형 모양이 잘 잡히도록 방울솜을 빽빽이 채워줍니다.

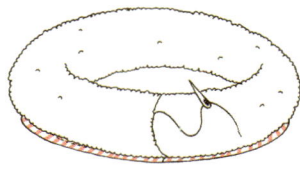

06 창구멍은 공그르기로 막아줍니다.

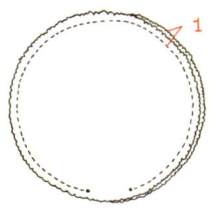

07 쿠션 원단 앞판과 뒤판의 겉면이 서로 마주보도록 포갠 후, 창구멍을 남기고 원 둘레 전체를 박음질합니다.

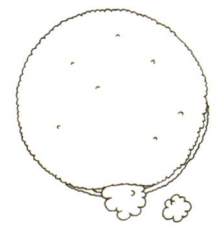

08 창구멍으로 원단을 뒤집고 푹신함이 느껴질 정도의 방울솜을 채워줍니다.

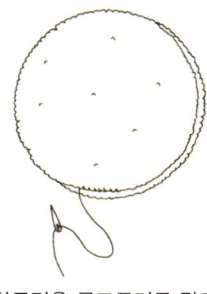

09 창구멍을 공그르기로 막고 쿠션을 원형 쿠션 안에 끼워서 사용합니다.

내추럴 심플 베드 쿠션

군더더기 없는 심플한 디자인으로 쿠션 기능에 충실한 심플 베드 쿠션입니다.
쿠션 커버에 지퍼를 달아 오염이 묻어도 수시로 세탁하기에도 좋아요.
빨간 손잡이가 있어 쿠션의 이동이 자유로우며
심심한 쿠션에 포인트가 되어준답니다.

완성 사이즈 가로 60cm, 세로 60cm, 높이 10cm

How to Make

재료

커버
- 앞판, 뒤판 : 피그먼트 바이오 워싱 옥스퍼드 10수 원단 (62x62cm) 2장
- 옆판
  a : 피그먼트 바이오 워싱 옥스퍼드 10수 원단(154x12cm) 1장
  b : 피그먼트 바이오 워싱 옥스퍼드 10수 원단(70x6.5cm) 2장
  c : 피그먼트 바이오 워싱 옥스퍼드 10수 원단(4x6.5cm) 2장

속쿠션
40수 화이트 코튼 원단(74x74cm) 2장

부재료
지퍼(60cm) 1개, 파이핑(두께 5mm) 6마, 웨이빙 끈(두께 3cm) 길이 30cm

🐱 도안

실물 도안 별지

1. 재단하기

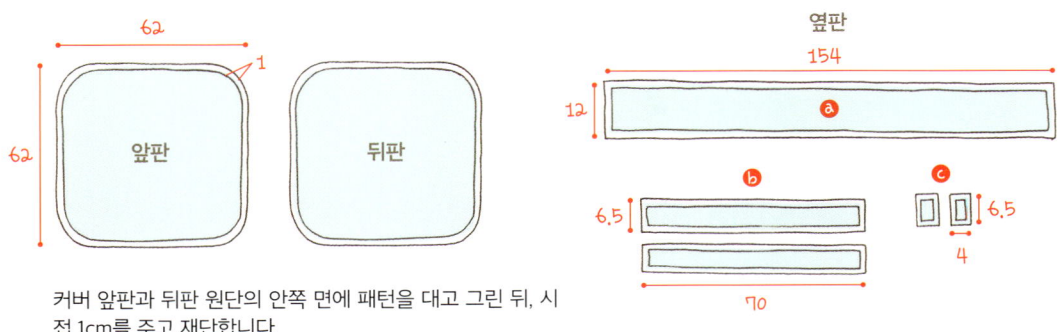

커버 앞판과 뒤판 원단의 안쪽 면에 패턴을 대고 그린 뒤, 시접 1cm를 주고 재단합니다.

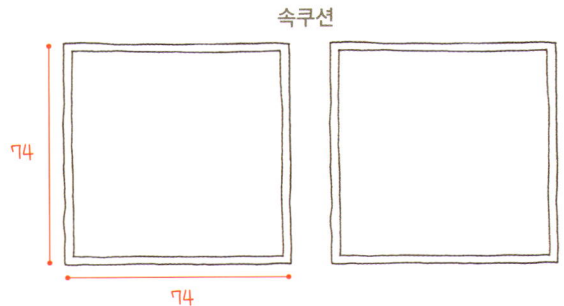

커버 옆판과 속쿠션은 제시한 사이즈에 맞춰 재단합니다.

2. 바느질하기

옆판 만들기

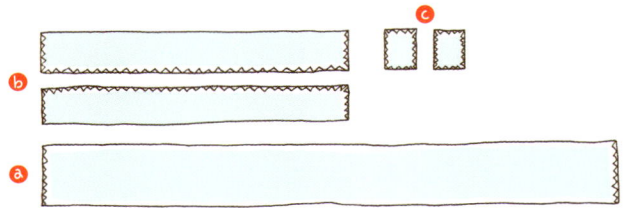

01 옆판 a, b, c에 그림과 같은 위치를 오버로크 처리합니다(일반 재봉틀은 지그재그 바느질해주세요).

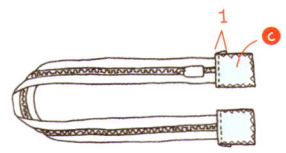

02 옆판 c의 시접 1cm를 안으로 접은 후, 지퍼 양쪽 끝에 박음질로 이어줍니다.

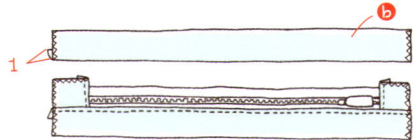

03 옆판 b의 오버로크한 시접을 1cm 안으로 접은 후, 지퍼 위에 올리고 박음질합니다. 반대쪽도 같은 방법으로 연결합니다.

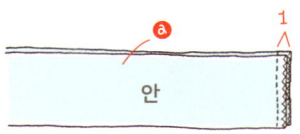

04 지퍼 원단의 겉과 옆판 a의 겉이 서로 마주보도록 포갠 후, 끝단을 박음질합니다.

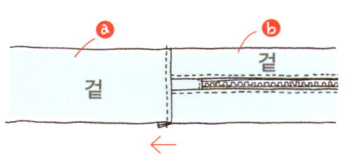

05 옆판을 펼치고 시접은 a쪽으로 꺾은 뒤, 겉에서 상침합니다. 반대쪽도 같은 방법으로 연결합니다.

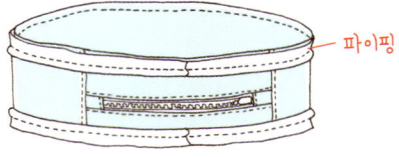

06 옆판의 겉면에서 양쪽 시접에 파이핑을 달아줍니다.

옆판에 앞판, 뒤판 연결하기

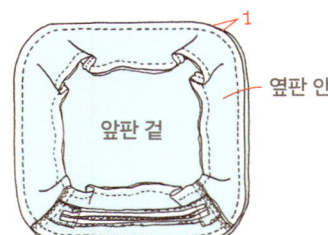

01 커버 앞판 원단의 겉이 위를 향하도록 바닥에 펼치고 옆판을 올려 중심을 잘 맞춘 뒤, 둘레 전체를 박음질합니다. 이때 지퍼를 살짝 열어놓고 박음질합니다. 뒤판도 같은 방법으로 옆판에 연결합니다.

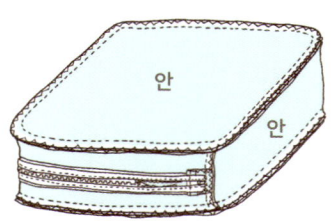

02 앞판과 뒤판 둘레 시접을 오버로크하여 올이 풀리는 것을 방지합니다.

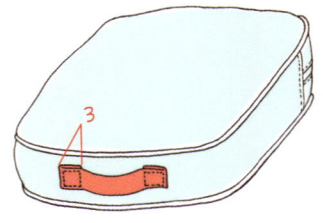

03 지퍼를 열어 원단을 뒤집고, 커버 옆판의 중심에 웨이빙 끈으로 손잡이를 만들어줍니다. 웨이빙 끈 양끝을 3cm 안으로 접은 후 겉에서 □모양으로 박음질하여 고정합니다.

🐱 속쿠션 만들기

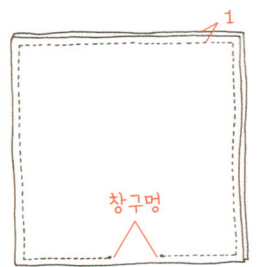
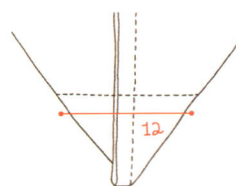
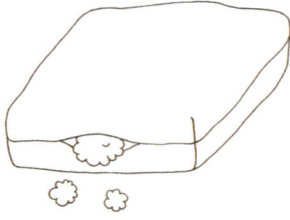

01 속쿠션 원단 두 장을 겹친 후, 창구멍을 남기고 둘레 전체를 박음질합니다.

02 원단 모서리를 세모 모양으로 접은 뒤, 가로 길이 12cm 되는 지점을 박음질합니다. 모서리 4곳 모두 같은 방법으로 박음질합니다.

03 창구멍으로 원단을 뒤집고 방울솜을 속 쿠션에 채워줍니다. 모서리는 솜을 많이 채워 높이를 주고 가운데 부분은 약간 오목한 모양이 되도록 솜을 채웁니다.

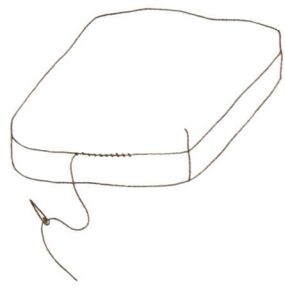

04 창구멍을 공그르기로 막아주고 커버 안에 속 쿠션을 넣어주면 완성입니다.

체리 베딩 동굴 하우스

좁고 어두운 공간에 호기심이 많은 고양이를 위해
깜찍한 느낌 가득한 비밀 공간을 만들어주는 건 어떨까요?
올록볼록한 질감이 독특한 리플 원단으로 동굴 모양의 하우스를 만들어주세요.
가볍고 쾌적한 리플 원단은 고양이털이 잘 붙지 않아 동굴 하우스를 청소하기에 편해요.
하우스의 큼직한 무늬 패턴은 고양이가 이불을 덮고 누운 듯
재미있는 장면을 연출해준답니다.

● **완성 사이즈** 가로 45cm, 세로 57cm, 높이 30cm

How to Make

재료

몸판
체리 패턴 리플 원단(72x52cm) 2장

밑판
체리 패턴 리플 원단(80x52cm) 2장

부재료
방울솜, 바이어스(폭 4cm) 길이 70cm, 폼폼볼 (지름 4cm) 2개

도안

실물 도안 별지

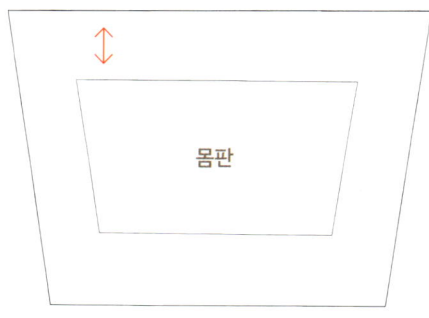
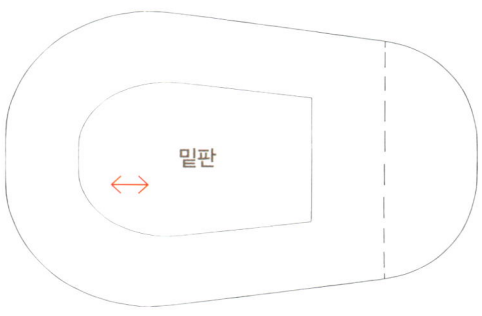

1 ▸▸ 재단하기

원단의 안쪽 면에 패턴을 대고 그린 뒤, 시접 1cm를 주고 재단합니다.

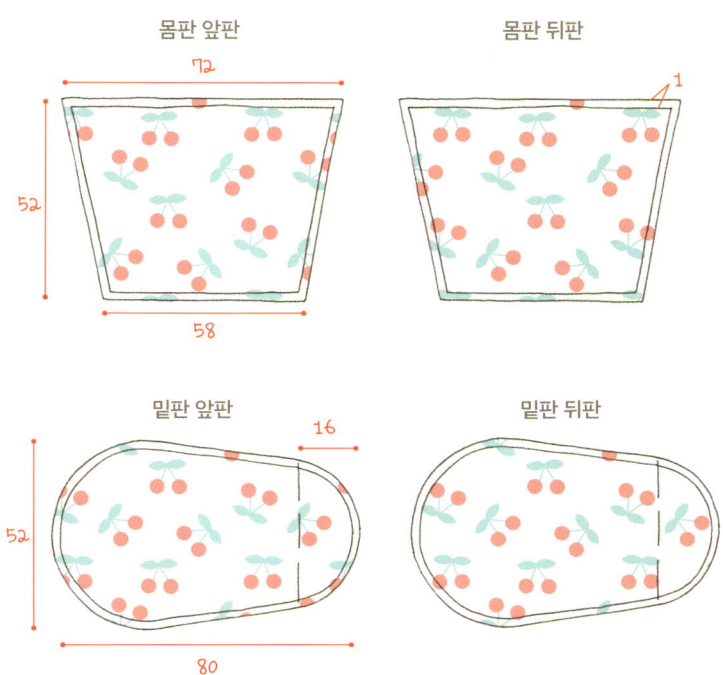

2. 바느질하기

몸판 만들기

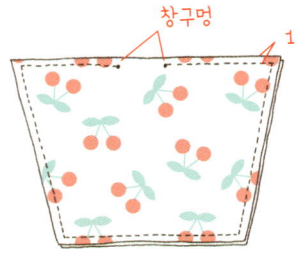 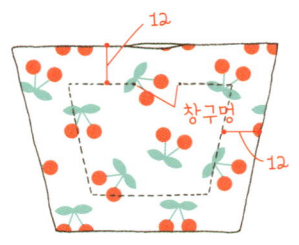 

01 몸판의 앞판과 뒤판 원단의 겉면이 서로 마주보도록 포갠 후, 창구멍을 남기고 둘레 전체를 박음질합니다.

02 창구멍으로 원단을 뒤집고 모양을 잘 정리합니다. 완성선 안쪽으로 12cm의 간격으로 작은 사각형을 그린 뒤, 큰 사각형의 창구멍과 같은 위치에 창구멍을 남기고 작은 사각형 둘레 전체를 박음질합니다.

03 창구멍으로 작은 사각형과 큰 사각형에 방울솜을 차례로 채우고 작은 사각형의 창구멍은 촘촘한 홈질로, 큰 사각형의 창구멍은 공그르기로 막아줍니다. 작은 사각형의 방울솜 양은 손으로 눌렀을 때 살짝 푹신한 정도로 넣어주고, 큰 사각형은 몸판을 구부렸을 때 모양의 변형이 없도록 좀더 많은 양을 꼼꼼히 넣어줍니다.

🐾 밑판 만들기

 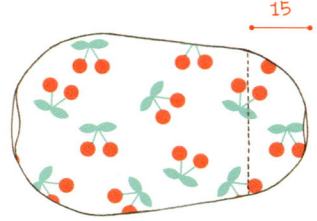 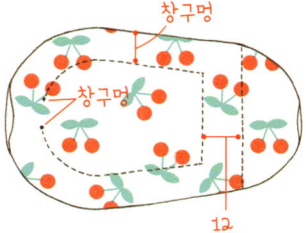

01 밑판의 앞판과 뒤판 원단을 서로 겉이 마주보도록 포갠 후, 창구멍을 앞, 뒤로 두 군데 남기고 둘레 전체를 박음질합니다.

02 창구멍으로 원단을 뒤집고 모양을 잘 정리한 뒤, 좁은 타원형의 끝으로부터 폭 15cm 되는 지점을 표시한 후, 수직으로 선을 그린 뒤 선 위를 박음질합니다.

03 밑판의 몸통은 완성선 안쪽으로 12cm의 간격을 두고 밑판의 둘레와 같은 모양을 그린 뒤, 넓은 타원형의 창구멍과 같은 위치에 창구멍을 남기고 선을 따라 박음질합니다.

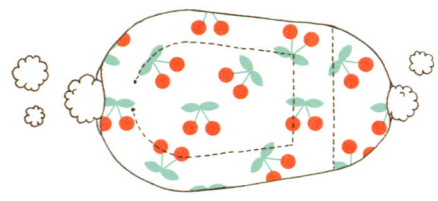 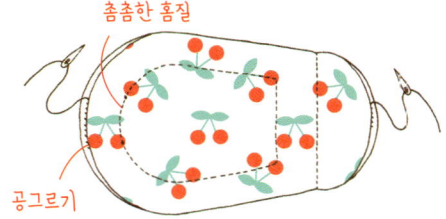

04 창구멍으로 방울솜을 채워줍니다.

05 창구멍을 차례로 막아줍니다.

🐾 몸판과 밑판 연결하기

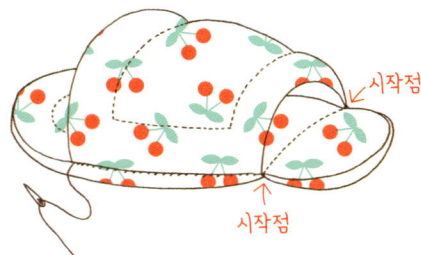 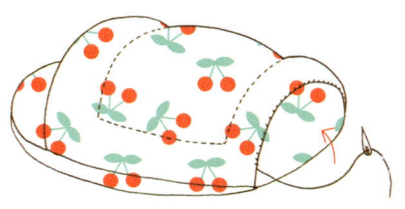

01 밑판의 세로선을 시작점으로, 밑판의 옆선에 몸판의 옆선을 맞추어 공그르기로 연결합니다.

02 밑판의 좁은 타원형을 세우고 몸판의 밑단 둘레에 맞춰 공그르기로 이어줍니다.

3 ▸ 마무리하기

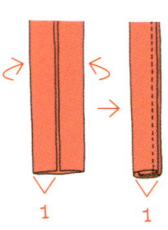

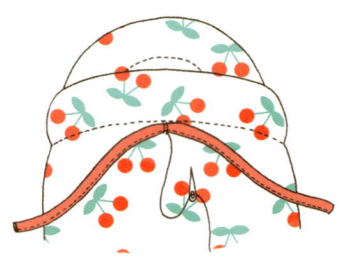

01 길이 70cm 바이어스의 양쪽 시접을 접어 폭 1cm로 만들고, 박음질하여 끈을 만듭니다.

02 하우스 몸판의 중심에 끈 길이의 중심을 맞추고 겹홈질로 고정합니다. 끈을 리본 모양으로 묶어줍니다.

03 폼폼볼 한쪽 면에 뾰족한 가위로 홈을 내주고 바이어스 끈을 끼운 후, 홈질하여 끈에 폼폼볼을 달아줍니다.

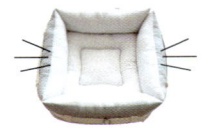

벨트 박스 쿠션

단순한 사각형들이 모여 특별한 공간으로 거듭난 벨트 박스 쿠션을 소개합니다.
바느질하는 수고스러움에 비해 기능적인 완성도가 좋은 쿠션이에요.
큼직한 사이즈로 다묘 가정에 유용한 쿠션으로 포인트인
벨트가 쿠션벽을 고정하는 구조예요.
겨울철에는 속쿠션 아래 전기방석을 넣어주면 더욱 아늑한 공간이 된답니다.

🐾 **완성 사이즈** 가로 58cm, 세로 58cm, 높이 23cm

How to Make

재료

박스 프레임
- 겉감 : 블루 리넨(102x102cm) 1장
- 안감 : 체크 선염 리넨(102x102cm) 1장

속쿠션
- 위판 : 스트라이프 선염 리넨(52x52cm) 1장
- 아래판 : 블루 리넨(52x 52cm) 1장

EVA폼(두께 5mm, 50x50cm) 1장

부재료

방울솜 2kg, 웨이빙 끈 4마, 벨트 사각 링 1개

1 ▸ 재단하기

원단 안쪽 면에 제시한 사이즈에 맞춰 패턴을 그리고 시접 1cm를 주고 재단합니다. EVA폼은 완성 사이즈로 재단합니다.

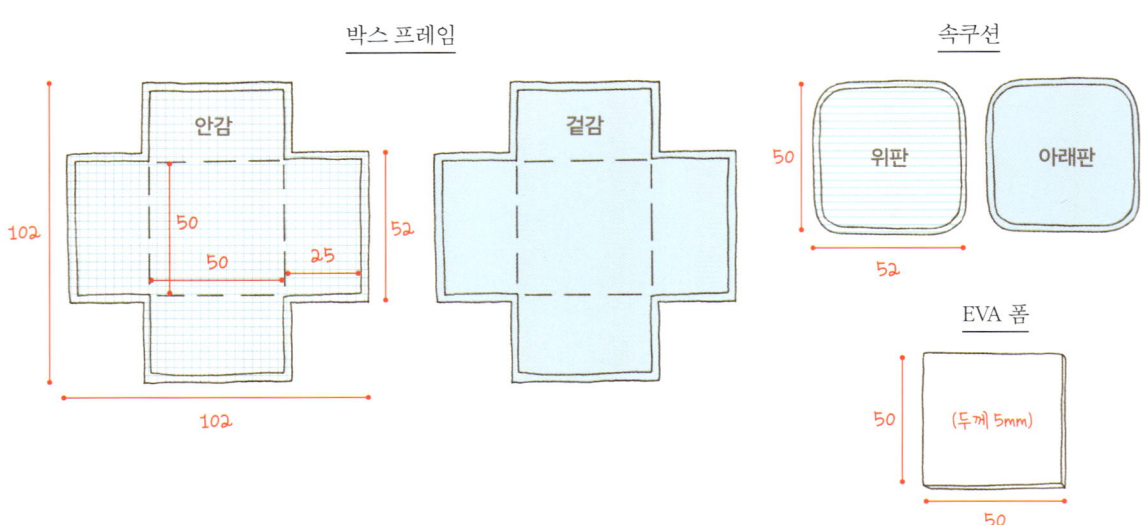

2. 바느질하기

박스 프레임 만들기

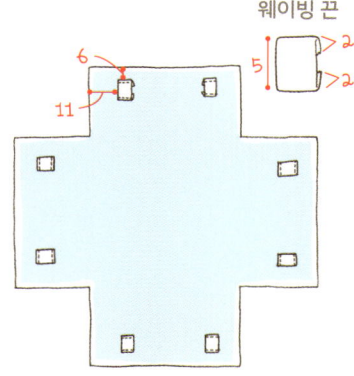
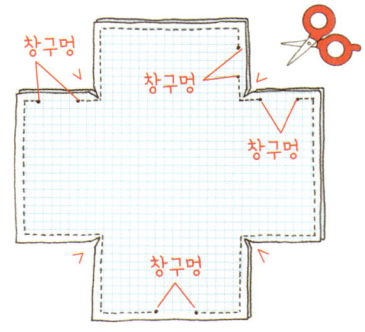

01. 웨이빙 끈을 길이 9cm로 잘라 8개를 준비하고 양쪽 시접을 접어 길이 5cm로 만듭니다. 준비한 웨이빙 끈을 겉감의 겉면에 그림과 같은 위치에 박음질하여 고정합니다.

02. 박스 프레임 겉감과 안감을 서로 겉이 마주보도록 포개고, 돌출된 각 면마다 창구멍을 남긴 후, 완성선을 따라 박음질합니다. 박음질 후 각진 4곳에 가위집을 내줍니다.

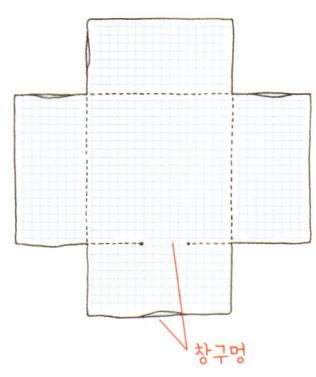
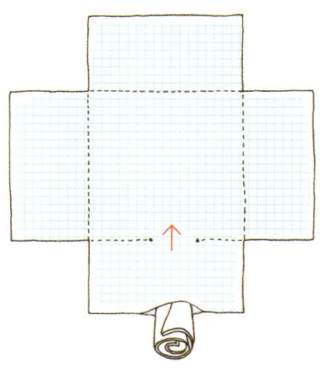
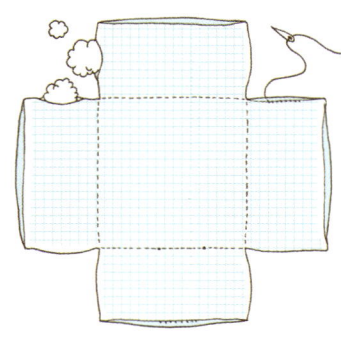

03. 창구멍으로 원단을 뒤집고 잘 펴준 뒤, 원단 안쪽 면에 길이 50cm의 정사각형 모양을 그리고 박음질합니다. 이때 정사각형에도 먼저 내주었던 창구멍과 같은 위치에 창구멍을 내줍니다.

04. 프레임 안의 정사각형은 창구멍을 통해 준비한 EVA폼을 넣어주고 잘 펴준 뒤, 창구멍은 촘촘한 홈질로 마감합니다.

05. 프레임 날개 부분은 4면 모두 방울솜을 적당량 채워주고 각각 공그르기로 막아줍니다.

속쿠션 만들기

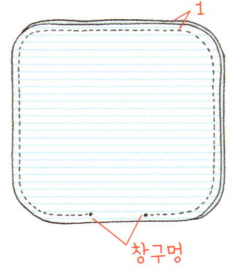
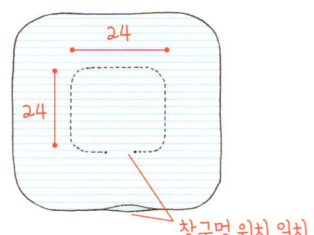

01 쿠션의 겉감과 안감을 서로 겉이 맞닿도록 포갠 후, 창구멍을 남기고 박음질합니다.

02 창구멍으로 원단을 뒤집고 모양을 잘 펴준 뒤, 원단의 중앙에 길이 24cm의 모서리가 둥근 사각형을 그리고 창구멍을 남기고 박음질합니다.

03 창구멍을 통해 안쪽 사각형과 겉 사각형에 차례로 방울솜을 채우고, 작은 사각형의 창구멍은 촘촘한 홈질로 막아주고 큰 사각형의 창구멍은 공그르기로 막아줍니다.

3 · 마무리하기

벨트 만들기

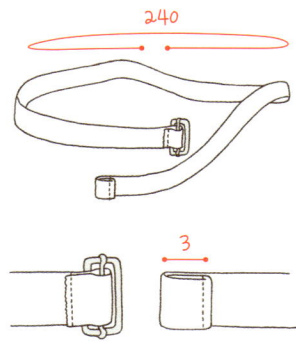
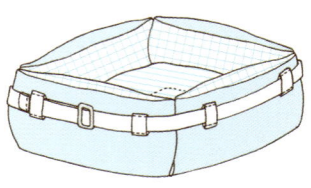

01 길이 240cm의 웨이빙 끈을 준비하고, 끈의 한쪽 끝은 벨트 사각 링을 달아주고 반대쪽 끝은 두 번 말아 접어 박음질합니다.

02 박스 프레임의 벨트 고리에 웨이빙 끈을 통과시켜 벨트를 묶고 쿠션을 넣어주면 완성입니다.

트릭 스퀘어 쿠션

사각형인 듯 별모양인 듯 알쏭달쏭한 트릭 스퀘어 쿠션.
다각형의 철제 프레임의 조명을 보고 아이디어를 얻었어요.
원단 안에 말랑한 EVA폼을 넣어 프레임을 만들고 속쿠션을 넣어주면
독특한 모양의 쿠션 하우스가 된답니다.
사용하지 않을 때는 쿠션을 분리하고 프레임은 접어서 보관할 수 있어
공간 활용에 유용한 쿠션이에요.

🐾 **완성 사이즈** 가로 60cm, 세로 60cm, 높이 22cm

How to Make

재료

프레임 옆판
- 겉감 : 네이비 옥스퍼드 원단(178x24cm) 1장
- 안감 : 옐로우 옥스퍼드 원단(178x24cm) 1장
- 밑판 : 위판, 아래 판 : 민트 옥스퍼드 원단(46x46cm) 2장

쿠션
- 커버 : 우산 패턴 코튼 20수 원단(58x58cm) 1장
  우산 패턴 코튼 20수 원단(58x30cm) 2장
- 속솜통 : 화이트 코튼 40수 원단(60x60cm) 2장

EVA폼(두께 5mm)
- 프레임 옆판(43x21.5cm) 8장
- 프레임 밑판(44x44cm) 1장

부재료

지퍼(60cm) 1개, 방울솜, 라벨

※ 만들기 전, 트릭 스퀘어 쿠션은 원단 안에 삼각형의 EVA폼을 지그재그 방향으로 넣어 쿠션의 각진 모양을 연출한다는 것을 먼저 이해하고 만듭니다.

도안

실물 도안 별지

EVA폼 옆판 패턴

1. 재단하기

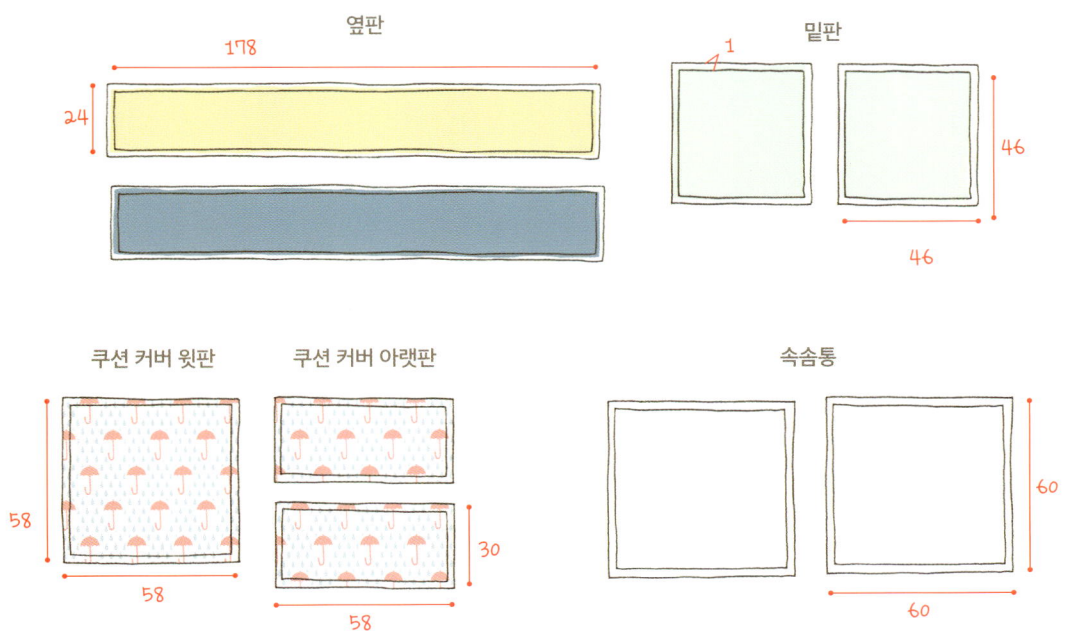

원단 : 원단의 안쪽 면에 제시한 사이즈에 맞춰 패턴을 그린 뒤, 시접 1cm를 주고 재단합니다.

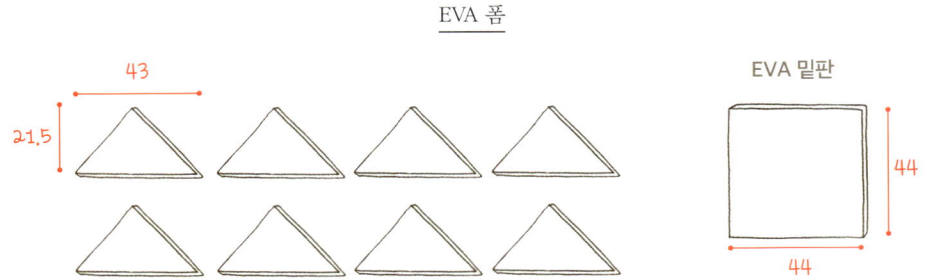

EVA폼 : EVA폼 위에 옆판 패턴(삼각형)을 대고 8개를 그린 뒤, 재단합니다.
EVA폼 밑판은 제시한 사이즈에 맞춰 패턴을 그린 뒤, 재단합니다.

2. 바느질하기

옆판 만들기

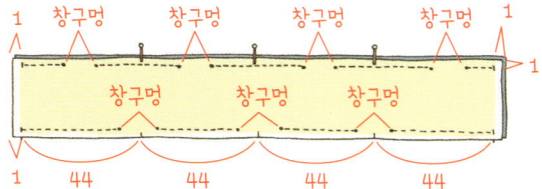

01 옆판 원단의 겉감과 안감을 서로 겉이 마주보도록 포갭니다. 양쪽 끝단의 시접 1cm씩을 제외하고 원단을 길이 44cm로 4등분한 뒤, 그림과 같은 위치에 창구멍을 남기고 박음질합니다.

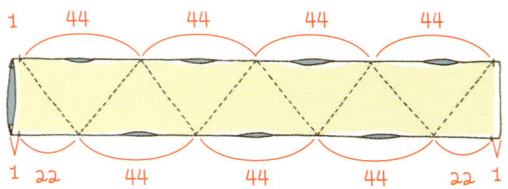

02 끝단에 난 구멍으로 원단을 뒤집고 모양을 바르게 펴줍니다. 양쪽 끝단 1cm를 제외하고 원단을 길이 44cm로 4등분한 뒤, 역삼각형을 그려줍니다. 선을 따라 지그재그 모양으로 박음질합니다.

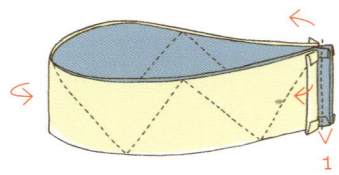

03 옆판을 반으로 접고 옆판의 안감 양쪽 끝단의 시접을 1cm 접은 후, 겉감끼리 박음질하여 이어줍니다.

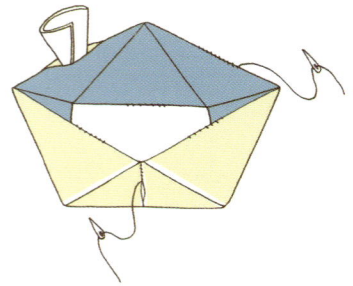

04 각 삼각형의 창구멍으로 EVA폼을 모양에 맞게 넣어준 뒤, 창구멍은 공그르기로 막아줍니다. 옆판의 끝단에도 EVA폼을 넣어주고 시접을 1cm안으로 접은 후, 공그르기로 막아줍니다(두께가 있는 EVA폼은 접거나 말아서 창구멍으로 넣은 뒤, 원단 안에서 펴주면 넣기 수월합니다).

🐾 밑판 만들기

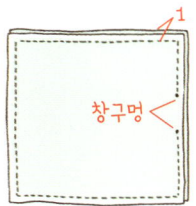  

01 밑판 원단의 위판과 아래 판을 서로 겉이 마주보도록 포갠 후, 창구멍을 남기고 박음질합니다.

02 창구멍으로 원단을 뒤집고 EVA 폼 밑판을 접어서 넣은 후, 원단 안에서 잘 펼쳐줍니다.

03 창구멍을 공그르기로 막아줍니다.

🐾 옆판과 밑판 연결하기

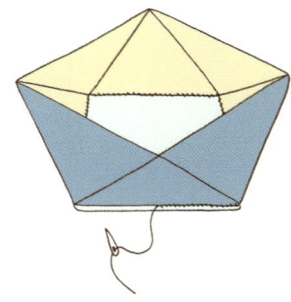

밑판 위로 옆판을 올리고 간격을 잘 맞춘 후, 4면을 모두 공그르기로 연결합니다.

🐾 속속통 만들기

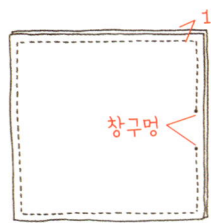  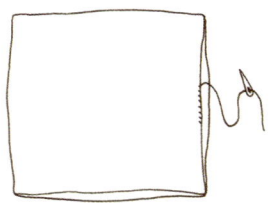

01 속쿠션 원단을 2장 포갠 후, 창구멍을 남기고 둘레 전체를 박음질합니다.

02 창구멍으로 원단을 뒤집고 방울솜을 채워줍니다.

03 창구멍을 공그르기로 막아줍니다.

🐱 쿠션 커버 만들기

 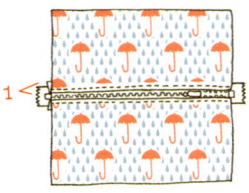 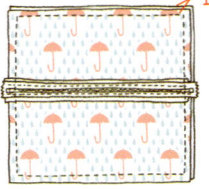

01 커버 아래 판 원단의 지퍼를 달아줄 한쪽 면을 오버로크합니다.

02 오버로크 처리한 양쪽 시접을 안으로 1cm씩 접은 후, 지퍼 위에 올리고 박음질합니다.

03 커버 위판과 아래 판 원단의 겉이 서로 마주보도록 포갠 후, 둘레 전체를 박음질합니다. 이때 지퍼는 살짝 열어 둡니다.

04 쿠션 커버 둘레 전체를 오버로크 하고 원단을 뒤집어 솜속통을 커버 안에 넣어줍니다.

3 마무리하기

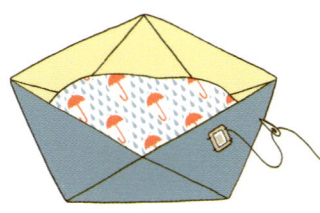

프레임에 쿠션을 넣어주고 프레임 정면에 겹 홈질로 라벨을 달아 완성합니다.

와이어 캣 텐트

튼튼하고 따뜻한 질감의 펠트로 고양이를 위한 텐트를 만들어주세요.
펠트로 돔 모양의 텐트를 만들고 스텐 강선을 교차해서 넣어주기만 하면 되는 구조로,
만들기도 비교적 간단한 편이며 모양도 귀여운 텐트랍니다.
고양이를 위한 낚시놀이나 손가락 장난을 치면
텐트를 아지트 삼아 놀이에 심취한 고양이를 만날 수 있어요.

완성 사이즈 가로 52cm, 세로 52cm, 높이 35cm

How to Make

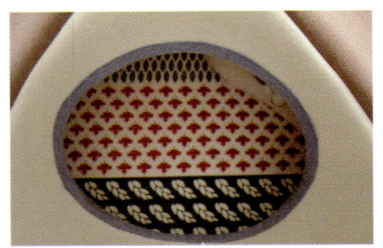

재료

텐트 옆판
- 보풀방지 펠트지 아이보리(두께 2.5mm, 52x44.5cm) 2장
- 보풀방지 펠트지 브라운(두께 2.5mm, 52x44.5cm) 2장

밑판
- 보풀방지 펠트지 브라운(두께 2.5mm, 52x52cm) 1장

손잡이
- 보풀방지 펠트지 진브라운(두께 2.5mm, 27x4.5cm) 2장
- 보풀방지 펠트지 베이지(두께 2.5mm, 25x2.5cm) 2장

텐트 바닥판
- 프레임 : EVA폼(두께 5mm, 50x50cm) 1장
- 커버 : 코튼 20수 패턴 원단(52x52cm) 2장

부재료
스텐 강선(두께 2mm, 길이 100cm) 2개, 자수실, 니트 바이어스(폭 4cm, 길이 60cm)

도안

실물 도안 별지

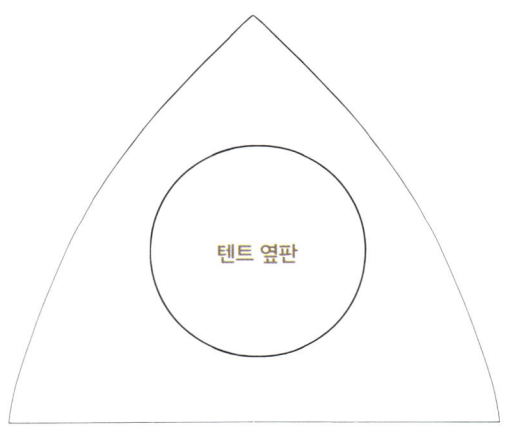

실물 도안 p.258

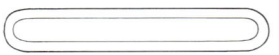

텐트 손잡이

1 ▸◂ 재단하기

텐트 옆판은 펠트지 위에 패턴을 대고 그린 뒤, 시접 1cm를 남기고 재단합니다.
옆판 4개를 재단 후, 옆판 1개에 지름 22cm의 원을 그리고 입구를 재단합니다.
텐트 밑판과 바닥판은 그림에서 제시한 사이즈에 맞춰 재단합니다.

펠트지

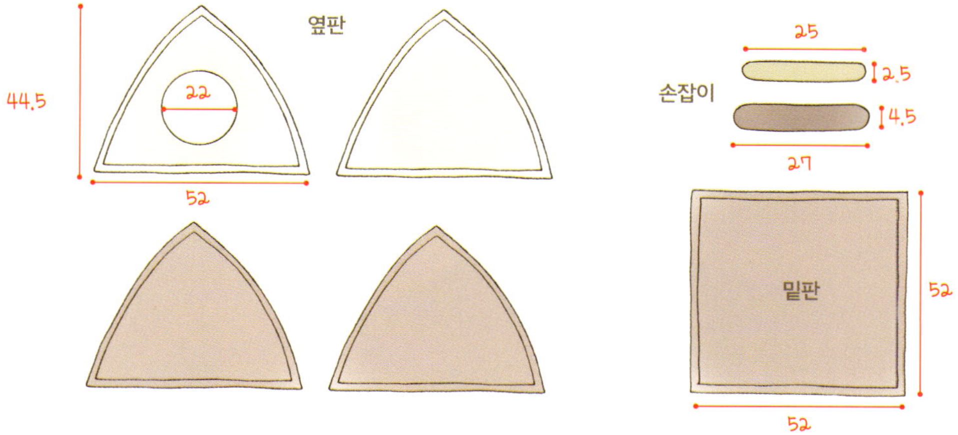

원단

바닥판

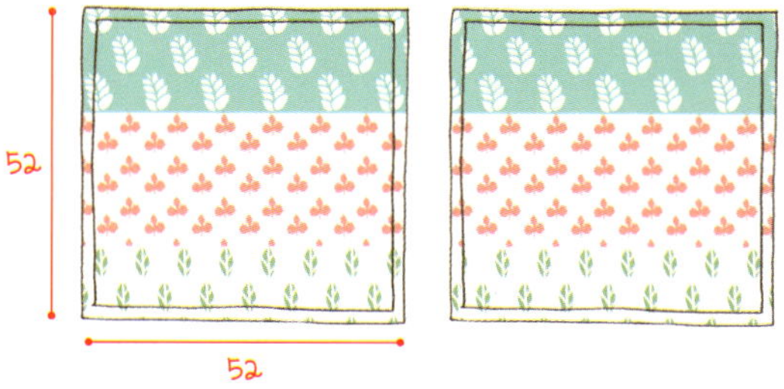

EVA 폼

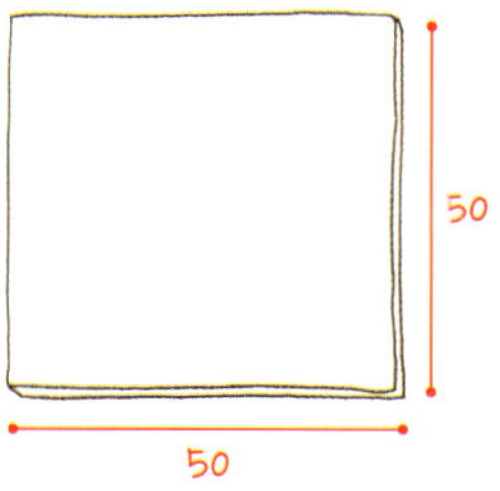

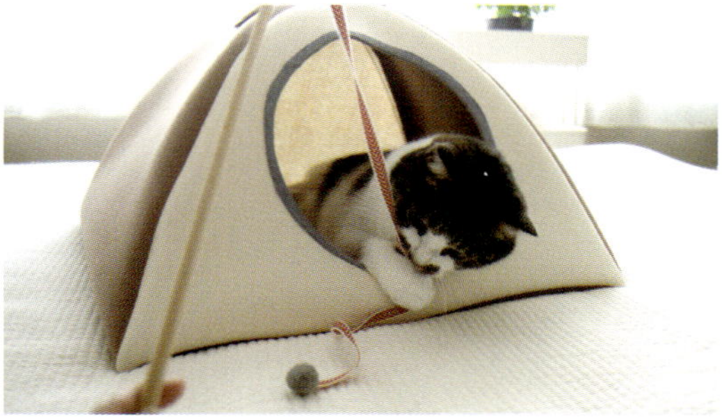

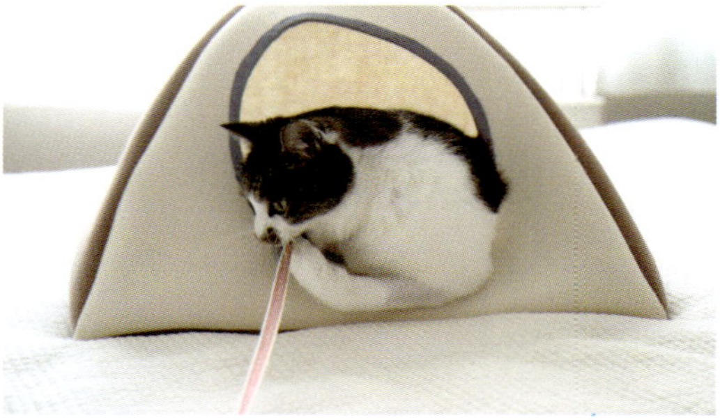

2 · 바느질하기

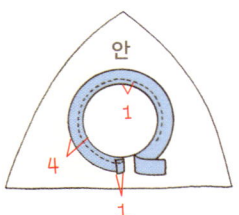
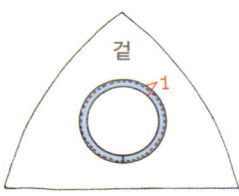
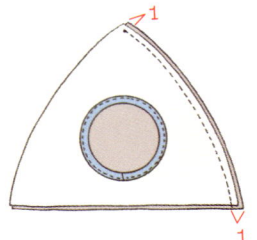

01 입구가 있는 펠트지의 안쪽 면이 위를 향하도록 펼치고, 입구 둘레에 바이어스를 두르고 박음질합니다. 이때 바이어스의 시작점은 1cm 접은 후 박음질합니다.

02 펠트지를 반대로 뒤집고 바이어스를 반대로 넘긴 후, 시접을 1cm 접어 입구 둘레 전체를 박음질합니다.

03 아이보리 펠트지와 브라운 펠트지의 겉면이 서로 마주보도록 포갠 후, 옆선 한쪽만 박음질합니다. 남은 옆판 두 개도 같은 방법으로 이어줍니다.

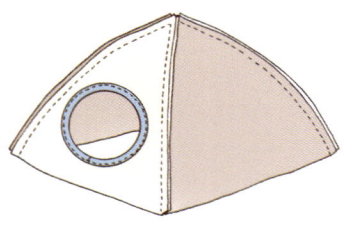
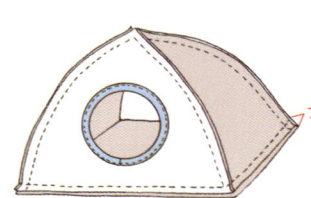
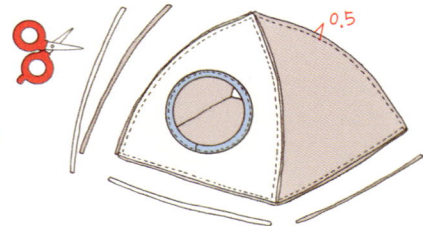

04 두 개씩 이어진 옆판을 서로 겉이 마주보도록 포개고 양 옆선을 박음질하여 4개의 옆판을 연결합니다.

05 밑판 위에 옆판을 올리고 밑판 둘레 전체를 박음질합니다.

06 텐트의 모든 시접은 0.5cm를 남기고 모두 재단한 후, 입구로 텐트를 뒤집고 모양을 정리합니다.

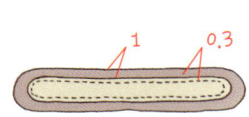
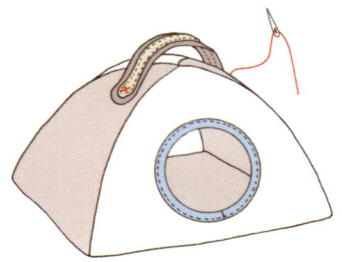

07 손잡이는 작은 패턴을 큰 패턴의 중심에 올리고 작은 패턴 둘레를 박음질합니다.

08 텐트 상단에 자수실을 이용하여 손잡이를 X로 바느질하여 고정합니다.

🐾 바닥판 만들기

01 밑판 원단의 위판과 아래 판을 서로 겉이 마주보도록 포갠 후, 창구멍을 남기고 박음질합니다.

02 창구멍으로 원단을 뒤집고 EVA 폼 밑판을 접어서 넣은 후, 원단 안에서 잘 펼쳐줍니다.

03 창구멍을 공그르기로 막아줍니다.

3 마무리하기

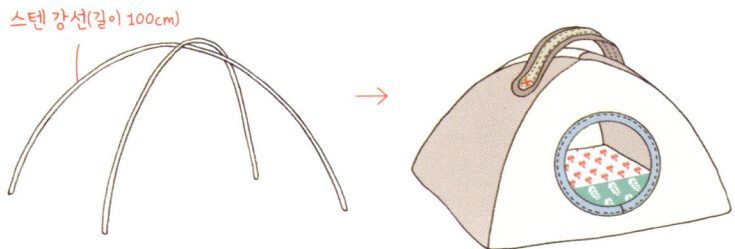

스테인리스 강선을 구부려 입구로 넣어줍니다. 텐트 안에서 아치형으로 구부러진 스텐 강선이 X로 교차하여 텐트를 지지하는 방식입니다.

티피 텐트

파스텔의 은은한 색감이 인테리어에 자연스레 녹아 드는 인디언 스타일의 티피 텐트.
원뿔 모양의 높은 천장으로 답답하지 않고,
튼튼한 프레임에 넓은 면적으로 다묘 가정에 좋은 하우스입니다.
장식 플래그 등 작은 소품을 매달아 반려묘에게
'나만의 하우스'를 선물하세요.

완성 사이즈 가로 58cm, 높이 70cm(깃발 포함)

How to Make

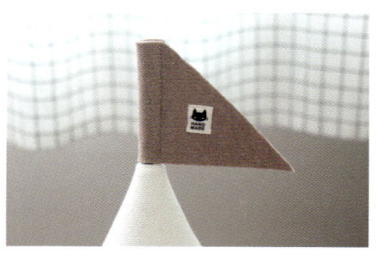

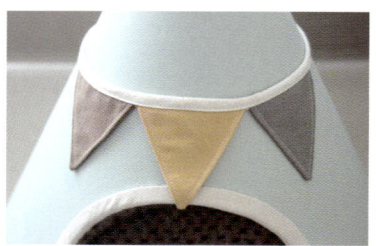

재료

몸판
- 겉감 : 민트 옥스퍼드 원단(130x70cm) 1장
- 안감 : 화이트 리넨 원단(130x70cm) 1장

밑판
화이트 리넨 원단(58x58cm) 2장

쿠션
패턴 코튼 20수 원단(58x58cm) 2장

꼭지 장식
캔버스 원단(24x12cm) 1장

삼각 플래그
리넨 (컬러별, 10x20cm) 3장

EVA폼(두께 5mm, 1x1.5m) 1장

부재료
방울솜, 펠트(12x8cm) 1장, 바이어스(4cm) 3마, 빨대

도안

실물 도안 별지

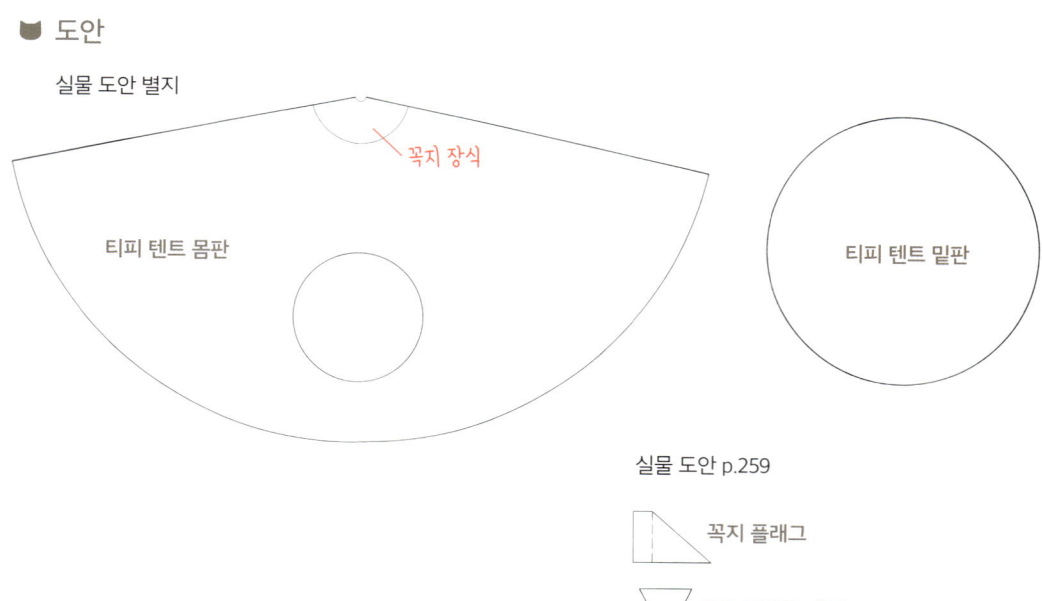

꼭지 장식

티피 텐트 몸판

티피 텐트 밑판

실물 도안 p.259

꼭지 플래그

삼각 플래그 패턴

1 ‣ 재단하기

패턴에 맞춰 EVA폼을 재단하고 원단은 시접 1cm를 주고 재단합니다. 이때 원단 입구는 재단하지 않습니다.

원단

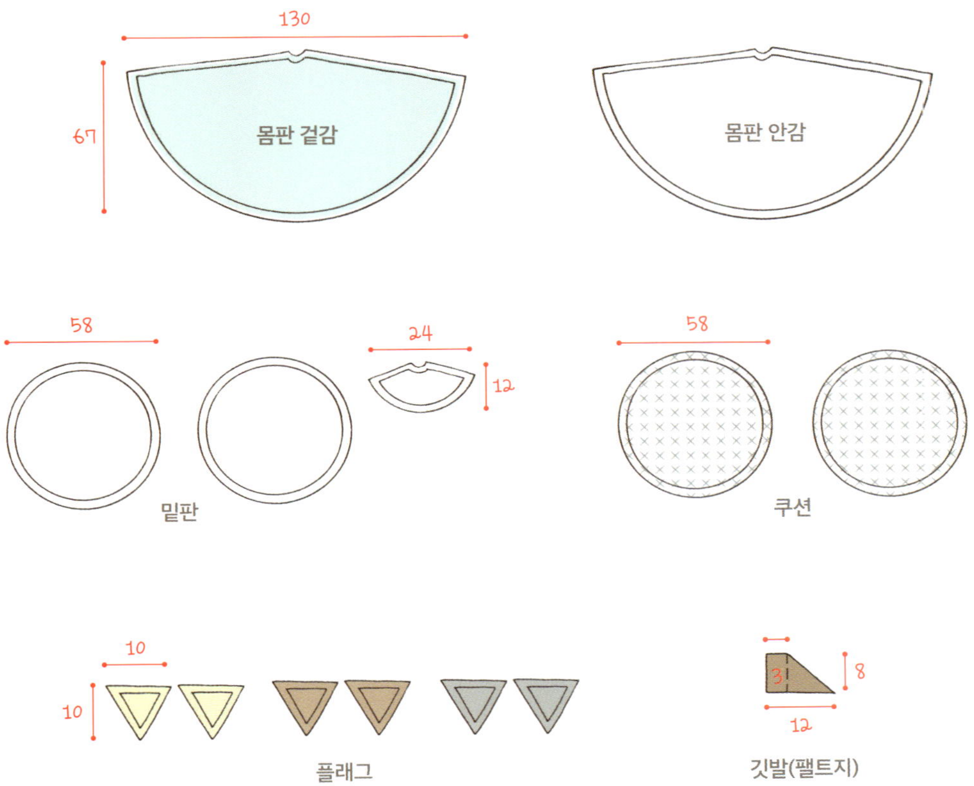

EVA폼

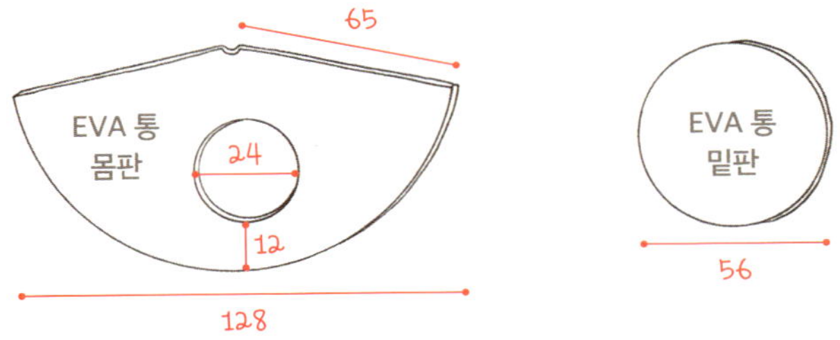

2. 바느질하기

몸판 만들기

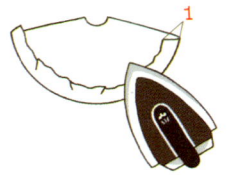

01 꼭지 장식 원단 밑단의 시접을 접고 다림질합니다.

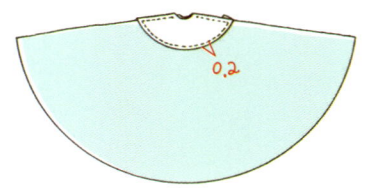

02 몸판의 겉감 위에 꼭지 장식 원단을 포개고 상침합니다.

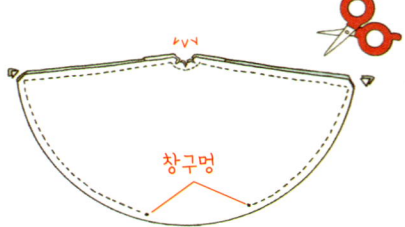

03 겉감의 겉면과 안감의 겉면이 맞닿도록 포갠 후, 창구멍을 남기고 둘레 전체를 박음질합니다.

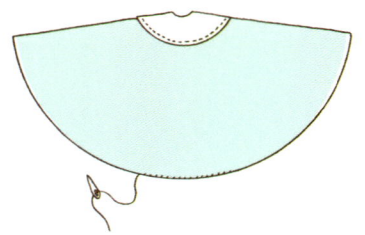

04 창구멍으로 원단을 뒤집고 재단한 EVA폼 몸판을 넣어준 뒤, 창구멍은 공그르기 합니다.

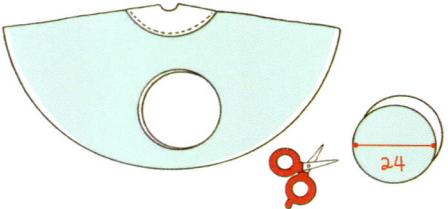

05 EVA폼에 맞춰 입구를 재단합니다. 이때 시접은 남기지 않고 재단합니다.

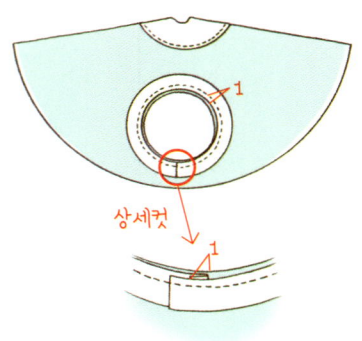

06 입구 둘레에 바이어스를 두르고 시접 1cm를 준 뒤, 바이어스와 원단을 박음질합니다. 이때 바이어스 시작점은 길이 1cm를 접고 박음질합니다.

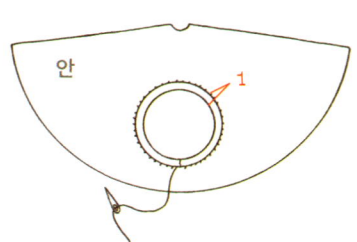

07 몸판을 반대로 뒤집고 입구의 바이어스는 안쪽으로 넘긴 후, 시접 1cm를 접고 둘레 전체를 공그르기로 고정합니다.

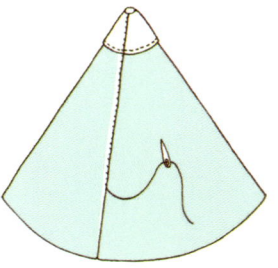

08 몸판을 둥글게 말고 옆선의 처음과 끝을 잘 맞추어 공그르기로 연결합니다.

🐱 밑판 만들기

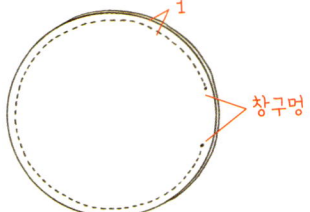

01 밑판의 겉감과 안감의 겉면이 서로 맞닿도록 포갠 후, 창구멍을 남기고 둘레를 박음질합니다.

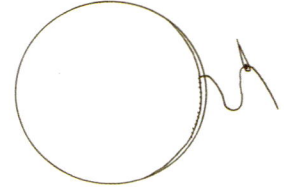

02 창구멍으로 원단을 뒤집고 밑판 EVA폼을 넣어준 뒤, 공그르기로 막아줍니다.

🐱 몸판과 밑판 연결하기

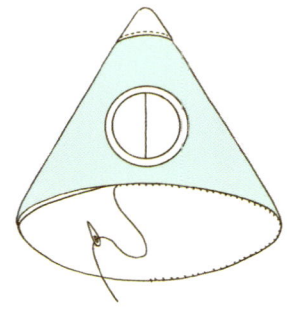

몸판과 밑판을 공그르기로 연결합니다.

🐱 쿠션 만들기

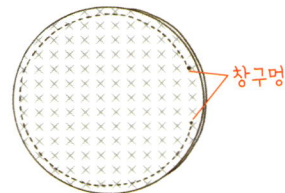

01 쿠션의 겉감과 안감을 서로 겉이 마주보도록 포갠 후, 창구멍을 남기고 박음질합니다.

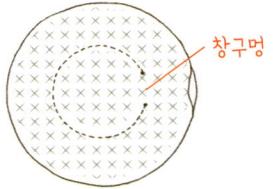

02 창구멍으로 원단을 뒤집고 지름 20cm의 작은 원을 그린 후, 큰 원의 창구멍과 같은 방향의 창구멍을 남기고 작은 원 둘레를 박음질합니다.

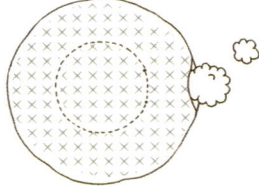

03 방울솜으로 작은 원을 채운 후, 창구멍은 촘촘한 홈질로 막아줍니다. 큰 원에도 방울솜을 적당량 채운 후, 창구멍은 공그르기로 막아줍니다.

3 마무리하기

삼각 플래그 만들기

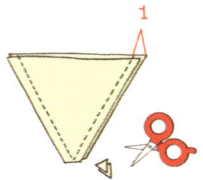

01 삼각 플래그 원단을 서로 겉면이 마주보도록 포개고 박음질합니다. 모서리는 0.3cm를 남기고 재단합니다.

02 원단을 뒤집은 후, 상단을 제외하고 상침합니다.

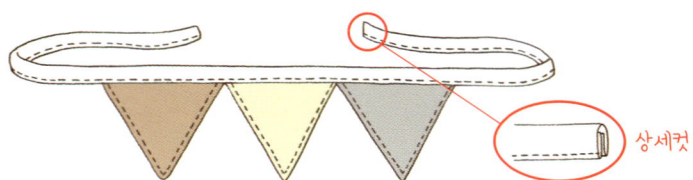

03 4cm 바이어스의 양쪽 시접을 1cm씩 접은 후, 플래그를 끼우고 박음질합니다.

꼭지 플래그 만들기

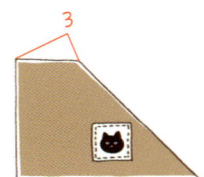
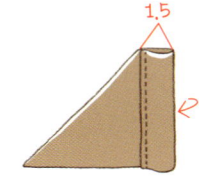
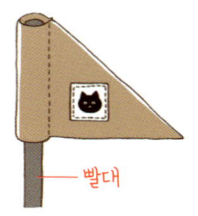

01 펠트지 위에 원하는 라벨을 박음질하여 고정합니다.

02 옆선을 접어 박음질합니다.

03 펠트에 빨대를 끼우고 텐트 꼭지에 끼웁니다.

물방울 하우스

물방울이 떨어지듯 통통한 볼륨이 사랑스러운 물방울 하우스입니다.
심플하지만 뚜렷한 개성으로 고양이에게도 인기가 좋은 물방울 하우스는
부드러운 양털 원단으로 만들어 안락하면서도 귀여운 느낌이 한층 더한 아이템이에요.
하우스에 매달린 물방울 오너먼트는 하우스를 돋보이게도 하지만
손잡이의 역할을 하는 장식이랍니다.

완성 사이즈 지름 50cm, 높이 64cm

How to Make

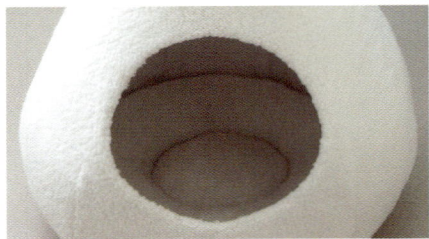

재료

원단

- 몸판
  겉감 : 단면 양털 원단(137x72cm) 1장
  안감 : 화이트 리넨 원단(137x72cm) 1장
  밑판 : 화이트 리넨 원단(지름 36.4cm) 2장

- 쿠션
  단면 양털 원단(지름 47cm) 2장

- 물방울 오너먼트
  스카이블루 리넨 원단(9.5x14cm) 2장

EVA폼(두께 5mm, 1x1.5m) 1장

부재료

방울솜, 면 로프 길이 30cm

도안

실물 도안 별지

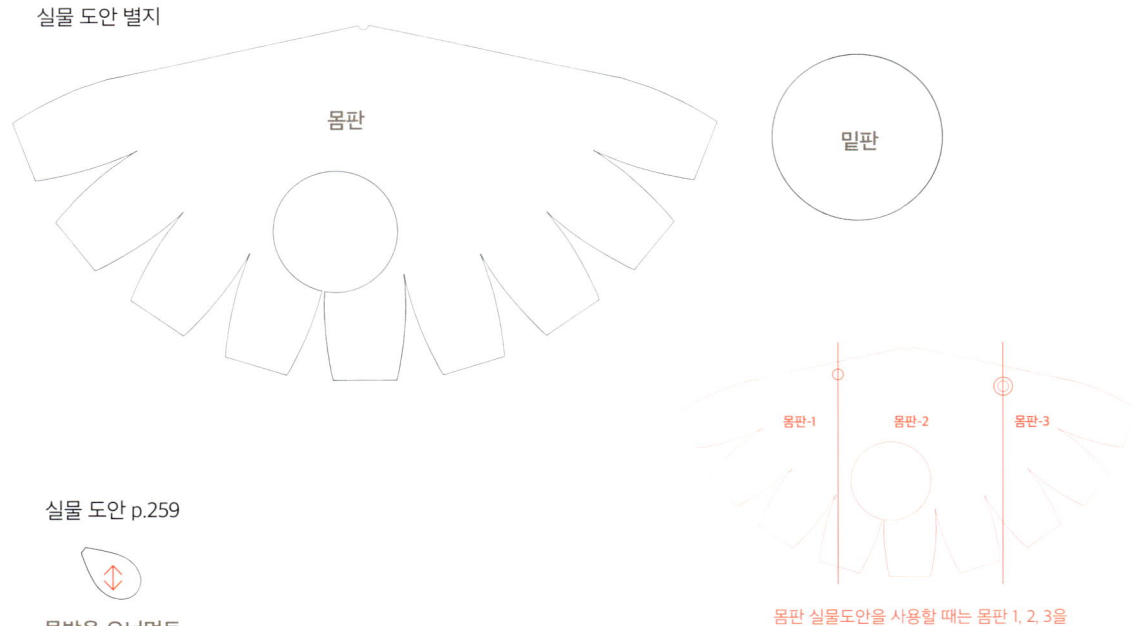

실물 도안 p.259

물방울 오너먼트

몸판 실물도안을 사용할 때는 몸판 1, 2, 3을 붙여서 사용해 주세요.

1 ▸ 재단하기

패턴에 맞춰 EVA폼을 재단하고, 원단은 시접 1cm를 주고 그린 뒤 재단합니다. 이때 원단의 입구는 재단하지 않습니다.

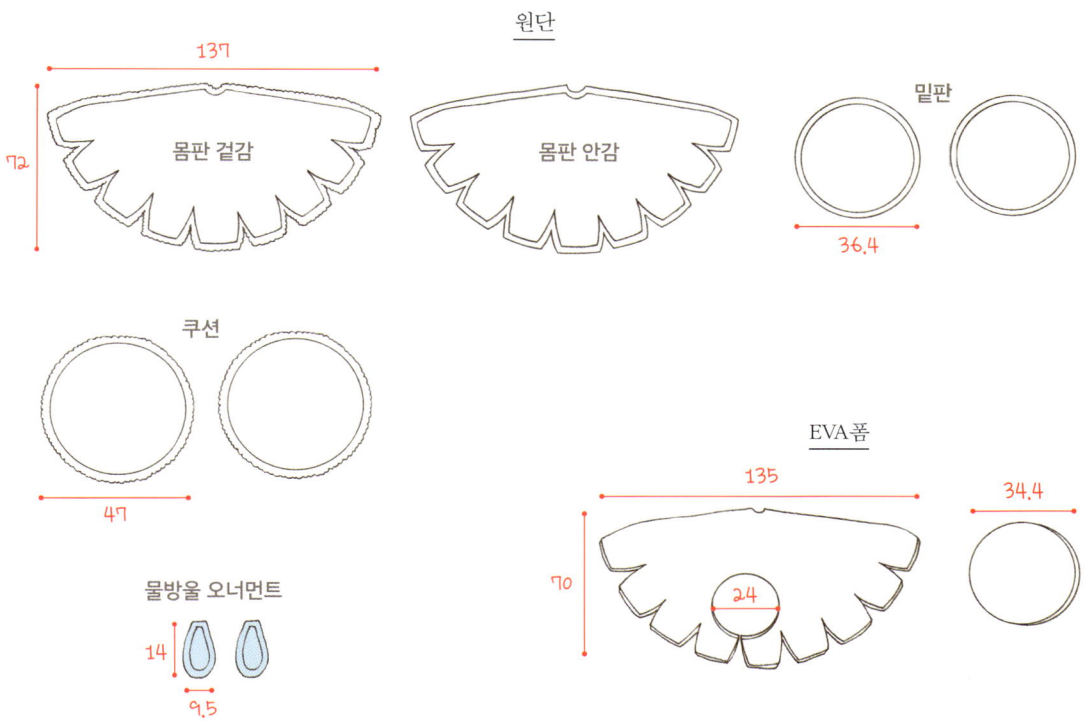

2 ▸ 바느질하기

🐈 물방울 프레임 만들기

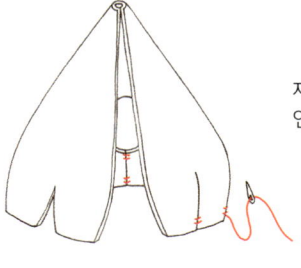

재단한 EVA폼의 밑단을 바느질(겹홈질)로 서로 연결하여 밑이 오목해지도록 만듭니다.

🐱 옆판 만들기

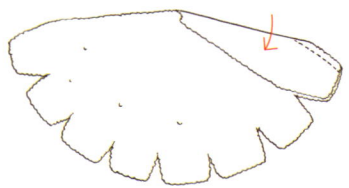

01 몸판 겉감의 겉면이 위를 향하도록 펼치고, 맨 끝 한마디를 몸판 위로 꺾어 접어줍니다. 겹쳐진 마디의 시접을 잘 맞춘 후 옆선을 따라 박음질합니다.

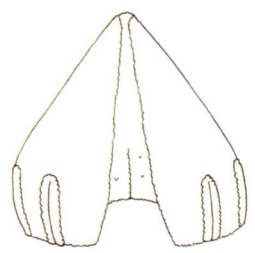

02 9개의 마디를 모두 연결하여 아래가 오목한 몸판을 만들고, 같은 방법으로 몸판의 안감도 완성합니다.

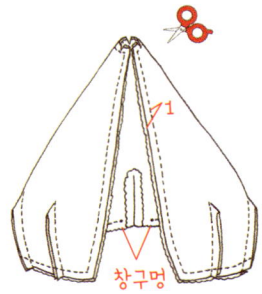

03 겉감의 겉과 안감의 겉면이 맞닿도록 포개고 하단에 창구멍을 남긴 후, 둘레 전체를 박음질합니다. 꼭지는 가위집을 내주세요.

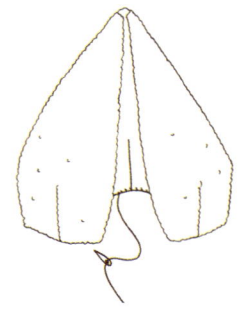

04 창구멍으로 뒤집은 후 EVA폼을 넣어주고 창구멍은 공그르기해서 막아줍니다.

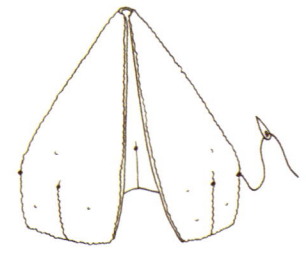

05 몸판의 가장 볼록한 부분은 겉감과 안감을 함께 한 두 땀 바느질하여 안감이 처지는 것을 방지합니다.

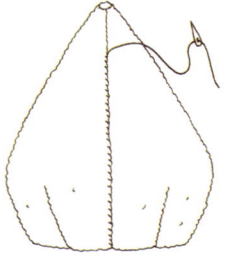

06 몸판의 옆선은 처음과 끝을 잘 맞추어 공그르기로 연결합니다.

🐱 밑판 만들기

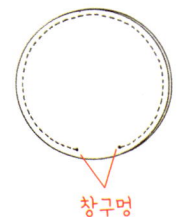

01 밑판의 겉감과 안감의 겉면이 서로 맞닿도록 포갠 후, 창구멍을 남기고 둘레를 박음질합니다.

02 창구멍으로 원단을 뒤집고 밑판 EVA폼을 넣어준 뒤 공그르기로 막아줍니다.

🐱 몸판과 밑판 연결하기

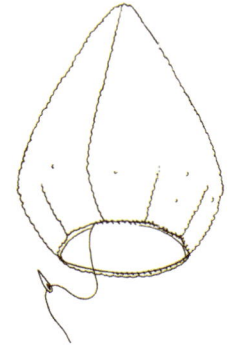

01 몸판과 밑판을 공그르기로 연결합니다.

🐱 입구 만들기

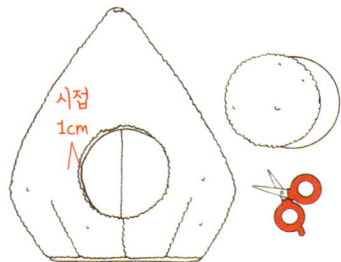

01 EVA폼 입구에 맞춰 몸판 원단에 시접 1cm를 남기고 입구를 재단합니다.

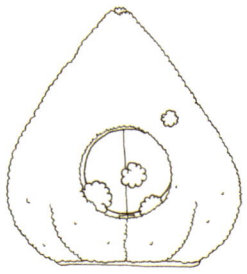

02 입구를 통해 물방울 하단에 각진 부분이 없이 부드러운 볼륨감이 느껴지도록 방울솜을 적당량 채워줍니다.

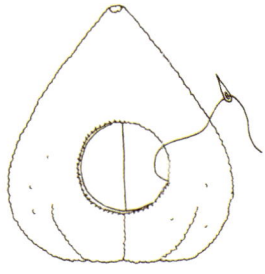

03 입구 둘레는 겉감과 안감의 시접을 1cm 안으로 접어 넣고 공그르기로 마감합니다.

🐱 쿠션 만들기

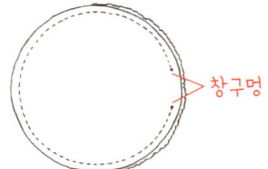 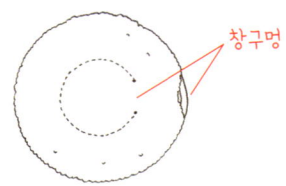 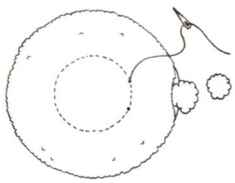

01 쿠션의 겉감과 안감을 서로 겉이 마주보도록 포갠 후, 창구멍을 남기고 박음질합니다.

02 창구멍으로 원단을 뒤집고 지름 20cm의 작은 원을 그린 후, 큰 원의 창구멍과 같은 방향에 창구멍을 남기고 작은 원 둘레를 박음질합니다.

03 방울솜으로 작은 원을 채운 후, 창구멍은 촘촘한 홈질로 막아줍니다. 큰 원에도 방울솜을 적당량 채운 후, 창구멍은 공그르기로 막아줍니다.

3 마무리하기

물방울 오너먼트 만들기

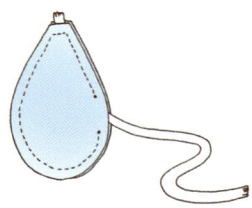
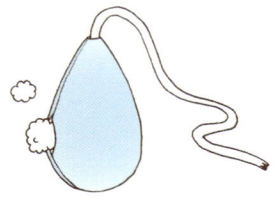
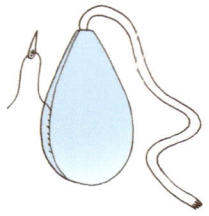

01 물방울 장식 원단을 2장 포개고 원단 사이에 면로프를 끼운 후, 창구멍을 남기고 박음질합니다. 이때 면 로프가 바느질 되지 않도록 주의하세요.

02 창구멍으로 원단을 뒤집은 후, 방울솜을 채워줍니다.

03 창구멍을 공그르기로 막아줍니다.

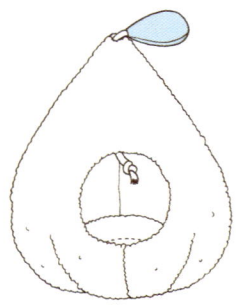

04 물방울 하우스 꼭지로 끈을 통과시킨 후, 적당한 길이를 정하고 안에서 매듭을 묶어줍니다.

아크릴 돔 하우스

고양이가 어떤 표정과 모습으로 잠을 자는지 궁금하다면
아크릴 돔 하우스를 만들어보세요.
아크릴 돔 하우스는 베이커리에서 익숙하게 봐오던 빵 덮개를 이용한 하우스로,
투명한 돔 뚜껑 안으로 고양이들의 행동이나 표정을
시원하게 탐색할 수 있는 이색적인 하우스예요.
또한 원목받침으로 적당한 높이 감을 주어
고양이의 하우스에 대한 호감도를 높인 아이템입니다.

완성 사이즈 가로 58cm, 세로 45cm, 높이 40cm

How to Make

재료

하우스 프레임

- 원단
  옆판 : 소라색 리넨 원단(202x14cm) 2장
  밑판 : 소라색 리넨 원단(57x45cm) 2장
  쿠션 : 패턴 코튼 20수 (62x50cm) 2장
- 스펀지
  옆판 : 고탄성 스펀지 SRH - 30 하드 타입 옐로우
  　　　(두께 2cm, 197x12cm) 1개
  밑판 : 고탄성 스펀지 SRH - 30 하드 타입 옐로우
  　　　(두께 2cm, 53x41cm) 1개

원목

- 밑판 : 스프러스 집성목(두께 1.5cm, 길이 58cm, 폭 45cm) 1개
- 다리 : 몽땅 사선다리(높이 7cm, 폭 4cm) 4개

부재료

아크릴 푸드 커버(직사각 돔 커버 타공 특대 : 58x45cm, 높이 20cm) 1개, 니트 바이어스(폭 4cm) 4마, 방울솜, 목공본드, 머리 없는 못 4~8개, 라벨 1개

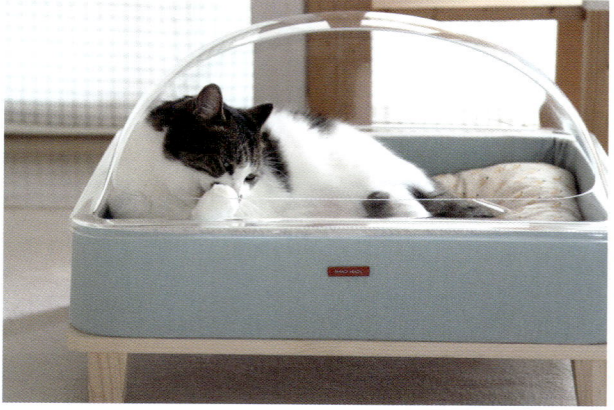

1 ▸ 원단 재단과 재료 준비하기

원단

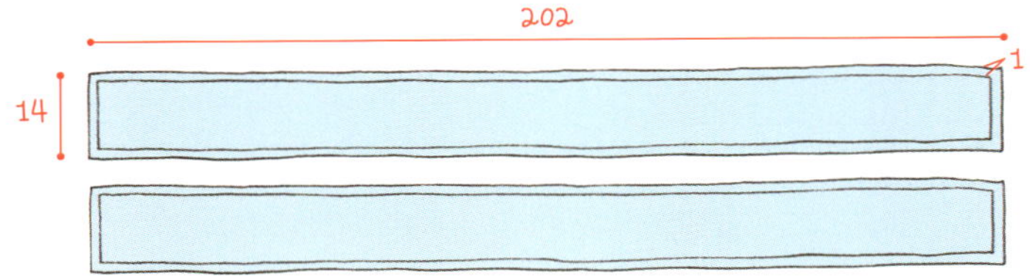

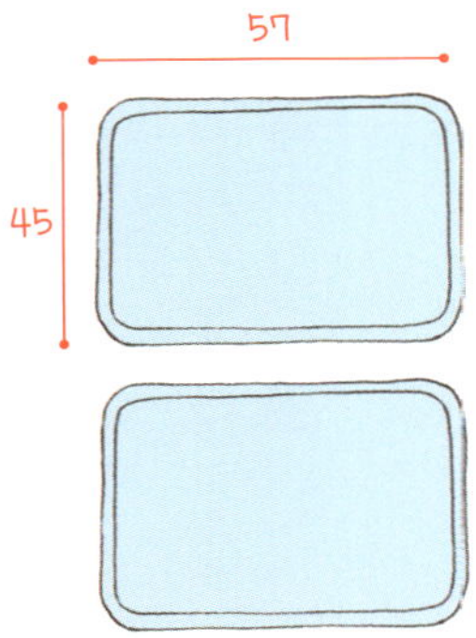

바이어스

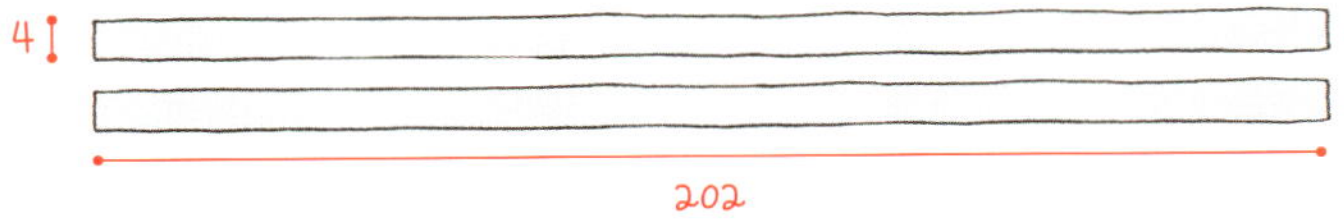

쿠션

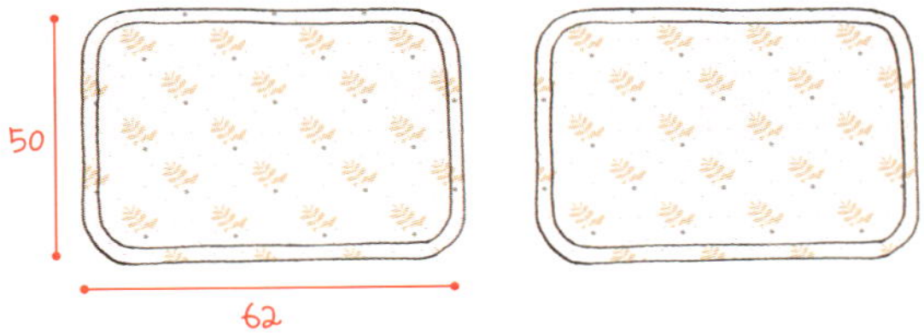

원단 안쪽 면에 그림에서 제시한 사이즈에 맞춰 패턴을 그린 후, 재단합니다.

원목

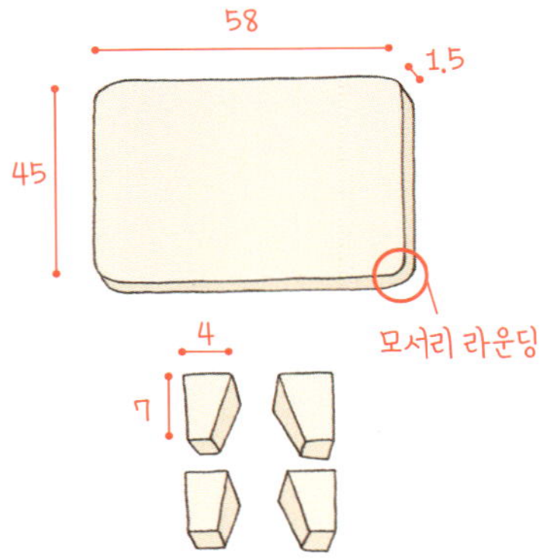

원목은 사이즈에 맞춰 주문하고 밑판은 모서리 라운딩을 추가하여 주문합니다.

스펀지

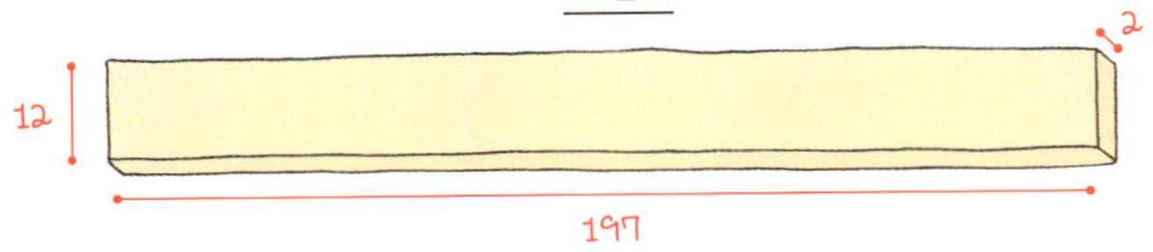

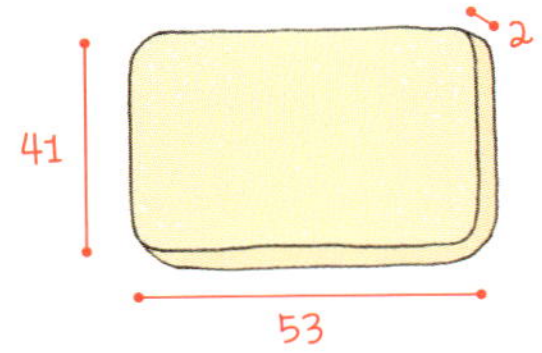

스펀지는 제시한 사이즈대로 준비하고 스펀지 밑판의 모서리 4곳은 둥글게 재단합니다.

직사각 돔커버 타공(특대) 푸드커버

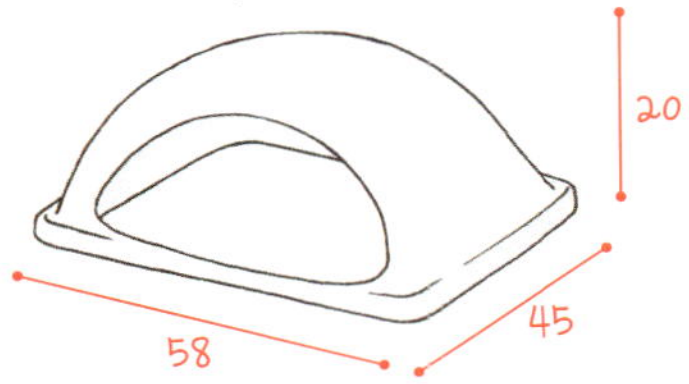

2 · 바느질하기

🐾 옆판 만들기

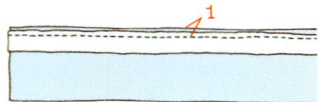 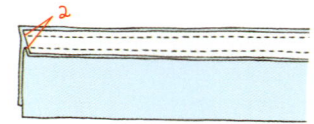 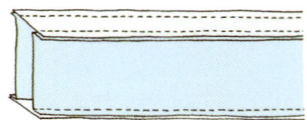

01 옆판 겉감의 겉면 위에 바이어스를 포개고 시접 1cm를 주고 박음질합니다.

02 바이어스 반대쪽 날개도 옆판 안감의 겉면을 포갠 후, 박음질합니다.

03 옆판 반대쪽도 같은 방법으로 겉감과 안감을 이어줍니다.

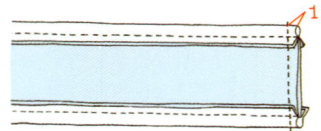 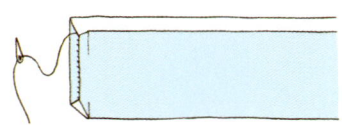

04 옆판의 한쪽 면은 창구멍으로 남겨놓고 반대쪽은 박음질합니다.

05 원단을 창구멍으로 뒤집고 원단 안에 스펀지를 잘 넣어준 뒤 창구멍은 양쪽 시접 1cm를 접고 공그르기 합니다. 반대쪽의 튀어나온 삼각 꼴을 원단 안으로 집어넣어줍니다.

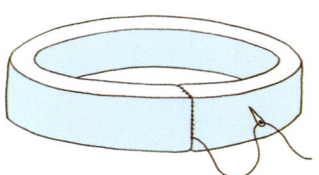

06 옆판을 둥글게 말고 양 끝단을 공그르기로 이어줍니다.

🐾 밑판 만들기

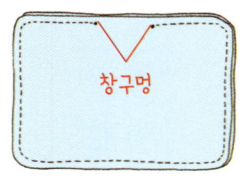  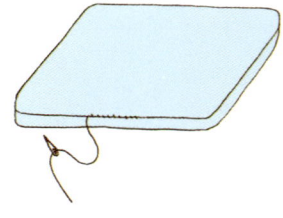

01 밑판의 위판과 아래 판 원단을 서로 겉이 마주보도록 포갠 후, 창구멍을 남기고 둘레 전체를 박음질합니다.

02 창구멍으로 원단을 뒤집고 스펀지를 밑판 안에 넣어주고 모양을 정리합니다.

03 창구멍을 공그르기로 막아줍니다.

🐾 옆판과 밑판 연결하기

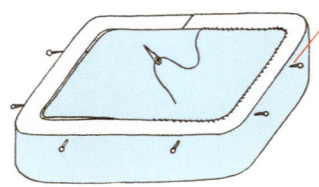

옆판의 밑단에 밑판을 끼우고 옆판과 밑판을 공그르기로 연결합니다.

🐾 쿠션 만들기

01 쿠션의 겉감과 안감을 서로 겉이 맞닿도록 포갠 후, 창구멍을 남기고 박음질합니다.

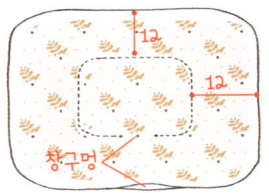

02 창구멍으로 원단을 뒤집고 모양을 잘 펴준 뒤, 원단의 중앙에 모서리가 둥근 사각형을 그리고 창구멍을 남기고 박음질합니다.

03 창구멍을 통해 안쪽 사각형과 겉 사각형에 차례로 방울솜을 채우고, 작은 사각형의 창구멍은 촘촘한 홈질로 막아주고 큰 사각형의 창구멍은 공그르기로 막아줍니다.

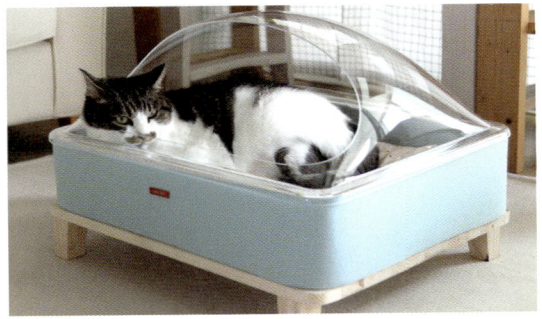

3 ▸ 원목 프레임 만들기

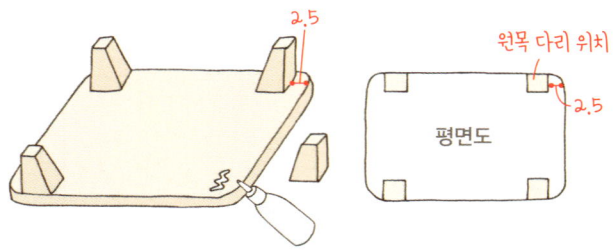
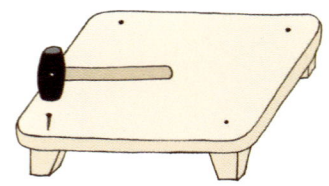

01 원목 판재 위에 목공본드를 바르고 방향을 잘 가늠한 후, 원목 다리를 부착합니다.

02 목공본드가 마르면(20~30분 경과 후) 프레임을 뒤집어 바로 세우고, 머리 없는 못을 판재와 다리 위에 박아 다시 한 번 고정합니다.

4 ▸ 마무리하기

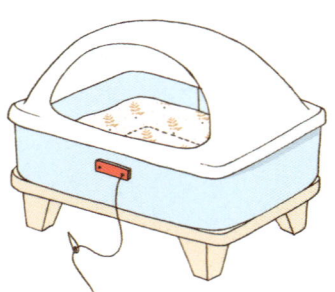

원목 프레임 위에 하우스 프레임, 아크릴 돔 커버의 순서로 올리고 하우스 안에 쿠션을 넣어 줍니다. 하우스 정면에 라벨을 달아줍니다.

우주선 하우스

내 고양이가 우주선의 조종사가 되는
깜찍한 상상을 실현시켜줄 우주선 하우스를 소개합니다.
커다란 아크릴 원형 돔과 스펀지를 이용해 만든 우주선 하우스는
투명한 뚜껑 안으로 동그랗게 몸을 말고 달콤한 낮잠을 청하는 고양이를 볼 수 있어요.
또 투명 돔 밖으로 장난감을 흔들어 놀이에 흥미를 돋우기에도 좋답니다.
하우스와 원목 프레임은 탈부착이 가능해 여름엔
원목 프레임 위에 쿠션만 올려주어도 좋은 소파가 된답니다.

완성 사이즈 가로 50cm, 높이 77cm

How to Make

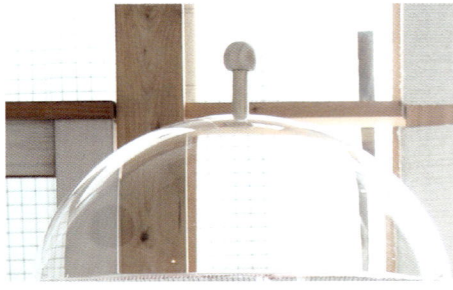

재료

원단
- 몸판 : 겉감 : 내추럴 캔버스 원단(159x32cm) 1장
- 안감 : 스트라이프 블루 데님 원단(159x32cm) 1장
- 밑판 : 내추럴 캔버스 원단(50x50cm) 2장
- 쿠션 : 스트라이프 코튼 20수 원단(60x60cm) 2장
- 솜속통 : 화이트 코튼 40수 원단(60x60cm) 2장

스펀지(고탄성 SRH-30 하드 타입 옐로우 스펀지)
- 몸판(두께 2cm, 155x30cm) 1장
- 밑판(두께 2cm, 50x50cm) 1장

원목
스프러스 집성목 원형 판재(두께 1.5cm, 지름 50cm) 1개, 원목다리(길이 16.6cm) 4개, 구슬 원목 손잡이 1개, 목봉(두께 1.8cm, 길이 5cm) 1개

부재료
아크릴 원형 케익 돔(테두리 있음, 지름 50cm) 1개, 바이어스(폭 4cm) 5마, 벨크로 180cm, 지퍼(60cm) 1개, 방울솜, 나사못, 글루건

1 ▸◂ 원단 재단과 재료 준비하기

스펀지는 사이즈에 맞춰 재단합니다. 원단은 제시한 사이즈에 맞춰 패턴을 그리고 시접 1cm를 주고 재단합니다. 원단에 입구는 재단하지 않습니다.

원단

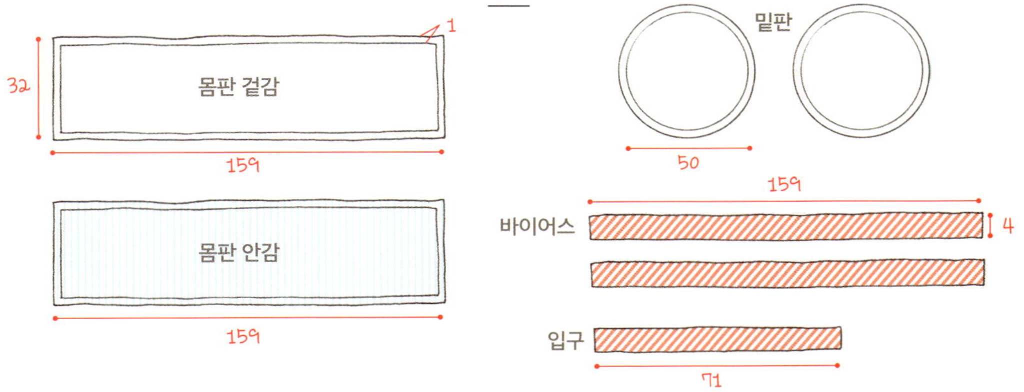

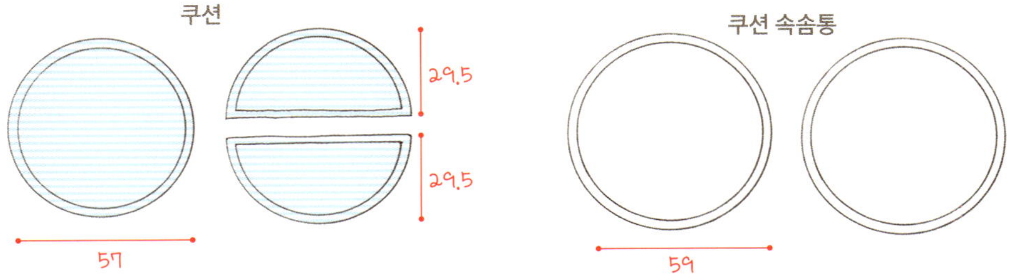

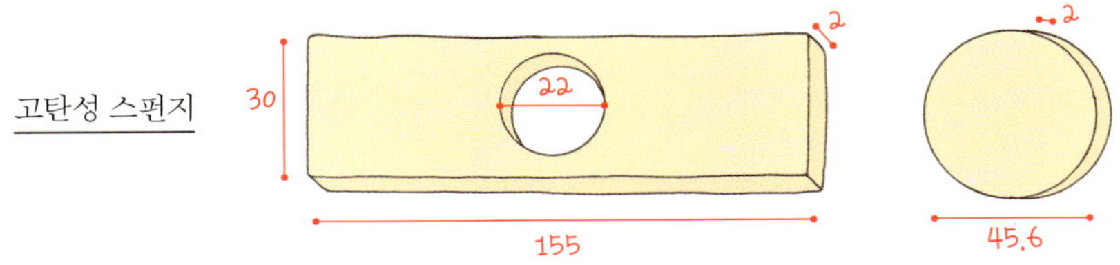

원목

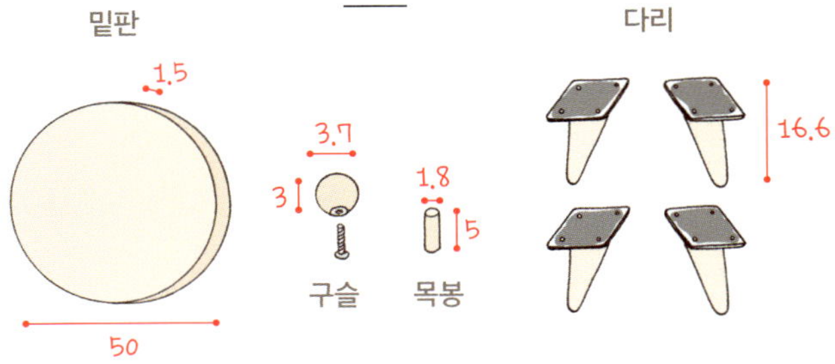

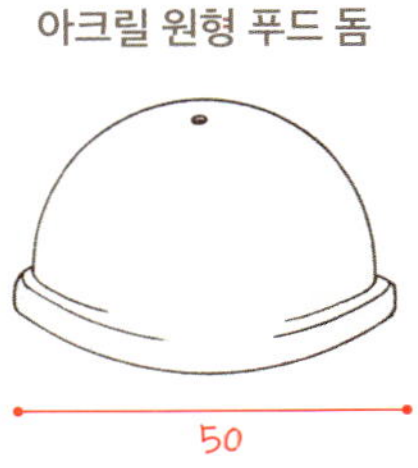

2. 바느질하기

몸판 만들기

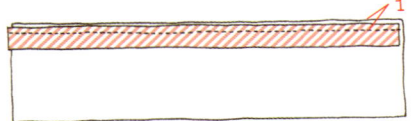

01 몸판 겉감의 겉면 위에 바이어스를 포갠 후, 시접 1cm를 주고 박음질합니다.

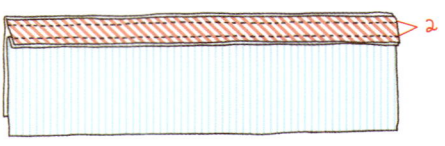

02 바이어스 반대쪽 날개도 몸판 안감의 겉면을 포갠 후, 박음질합니다.

03 몸판 반대쪽도 같은 방법으로 겉감과 안감을 이어줍니다.

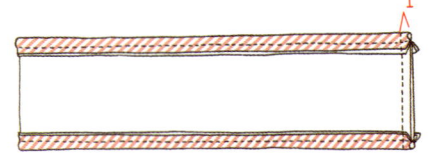

04 몸판의 한쪽 면은 창구멍으로 남겨놓고 반대쪽 면은 박음질합니다.

05 원단을 창구멍으로 뒤집고 몸판 스펀지를 잘 넣어준 뒤 창구멍은 시접 1cm를 접고 공그르기합니다. 반대쪽 튀어나온 삼각 꼴은 원단 안으로 집어 넣어줍니다.

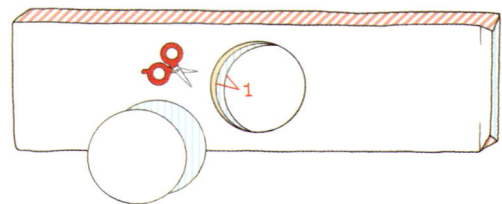

06 몸판의 겉감과 안감을 스펀지에 맞춰 시접 1cm를 남기고 입구를 재단합니다.

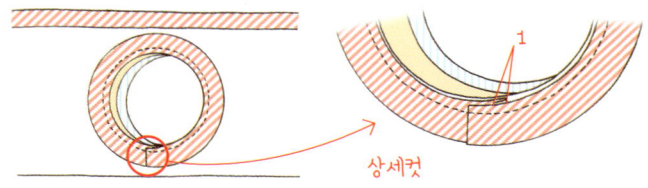

07 입구에 바이어스를 두른 후, 시접 1cm를 주고 겉감과 바이어스를 박음질합니다. 이때 바이어스 시작점은 길이 1cm를 접고 박음질합니다.

상세컷

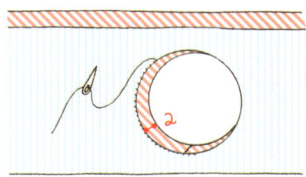 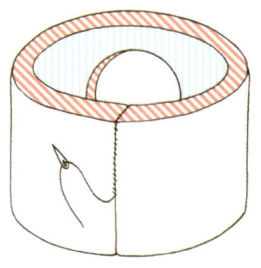

08 몸판을 뒤집고 바이어스를 안쪽으로 넘긴 후 시접 1cm를 접고 공그르기 합니다.

09 몸판을 동그랗게 말고 겉에서 공그르기로 끝단을 연결합니다.

🐱 밑판 만들기

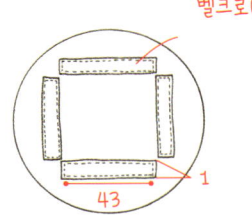 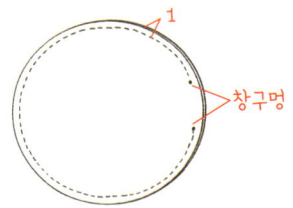 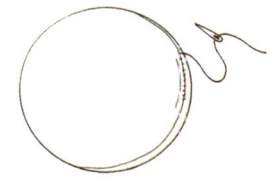

01 밑판 겉감의 겉면 위에 벨크로를 박음질하여 고정합니다.

02 밑판 겉감의 겉면과 안감의 겉면이 마주보도록 포갠 후, 창구멍을 남기고 둘레를 박음질합니다.

03 창구멍으로 원단을 뒤집고 밑판 스펀지를 넣어준 뒤, 창구멍은 공그르기로 막아줍니다.

🐱 몸판과 밑판 연결하기

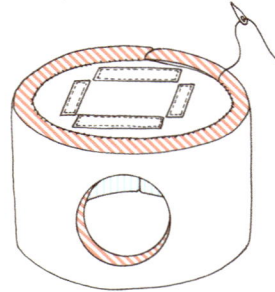

몸판의 밑단에 밑판을 끼우고 몸판과 밑판을 공그르기로 연결합니다.

🐱 쿠션 만들기

쿠션 커버 만들기

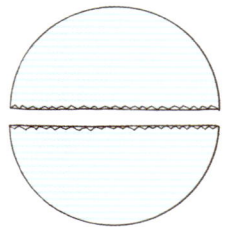

01 쿠션 뒤판 원단의 시접은 오버로크하여 올이 풀리는 것을 방지합니다.

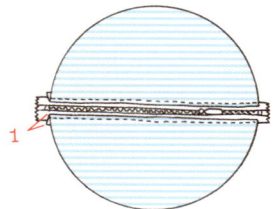

02 원단의 시접을 1cm 안으로 접고 지퍼 위에 상침해서 고정합니다.

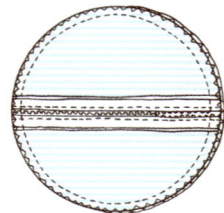

03 뒤판의 겉면과 앞판의 겉면이 서로 마주보도록 포갠 후, 지퍼를 살짝 열어놓고 원 둘레 전체를 박음질합니다. 시접은 오버로크 처리하고 지퍼를 통해 원단을 뒤집어줍니다.

쿠션 솜속통 만들기

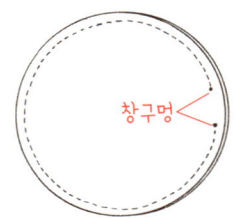

01 원단 2장을 포개고 창구멍을 남기고 원둘레 전체를 박음질합니다.

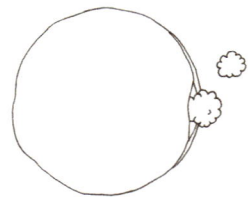

02 창구멍으로 원단을 뒤집고 방울솜을 적당량 채워줍니다

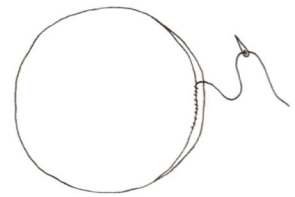

03 창구멍은 공그르기로 막아줍니다.

3 ▸ 원목 프레임 만들기

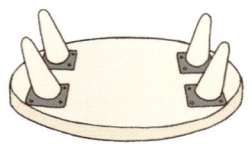 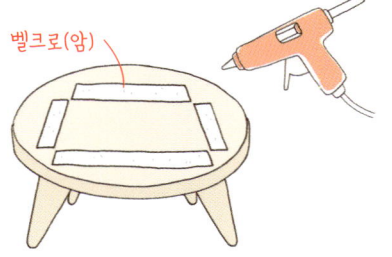

01 원형 판재에 나사못을 이용하여 다리를 부착합니다.

02 원형 판재 위에 글루건을 이용하여 벨크로를 부착합니다(우주선 몸판 바닥의 벨크로 위치와 일치되게 부착합니다).

4 ▸ 마무리하기

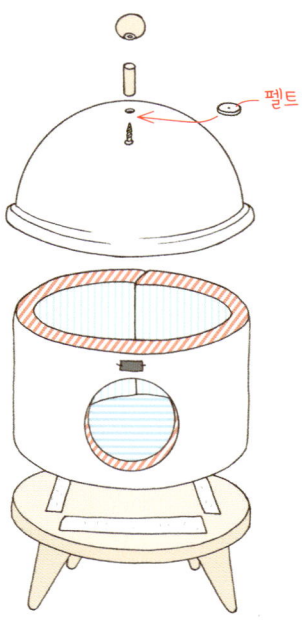

아크릴 원형 돔 꼭지에 나 있는 구멍으로 나사못을 통과시켜 목봉 후크를 부착하고, 목봉 위에 원목 구슬을 글루건으로 부착합니다.

Tip 아크릴 원형 돔에 목봉 고정 시, 원형 돔 아래에 펠트를 사이에 끼우고 나사를 조이면 원형 돔에 금이 가거나 스크래치가 생기는 것을 방지할 수 있습니다.

카라반 하우스

레트로한 디자인의 카라반 하우스는
고양이에게 더없이 좋은 힐링 공간이 되어줄 거예요.
부드러운 곡선과 원목의 따스한 느낌이 더해져
동글동글 귀여운 카라반 하우스.
티피 텐트나 와이어 캣 텐트와 함께 매치하면 캠핑을 온 듯,
공간에 특별함을 더해주죠.
장식 라벨이나 와펜, 단추 등을 이용해
세상에 하나밖에 없는 카라반으로 꾸며주세요.

■ **완성 사이즈** 가로 59cm, 세로 35cm, 높이 43cm

How to Make

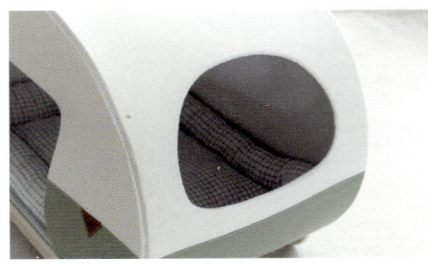

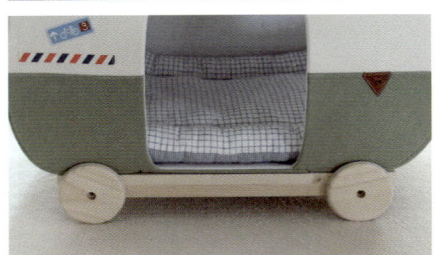

재료

원단
- 카라반
  겉감 : 내추럴 캔버스 원단(120x70cm) 1장, 올리브 컬러 리넨 원단(120x70cm) 1장
  안감 : 화이트 리넨 원단(170x80cm) 1장
- 속쿠션
  블루 체크 코튼 20수 원단(60x45cm) 2장

EVA폼(두께 5mm, 1x1.5m) 1장

원목
스프러스 상판(두께 15mm, 45x35cm) 1개, 실리콘 원목 바퀴 4개, 스프러스 원목 각재(두께 18mm, 길이 40cm) 2개

부재료
방울솜, 라벨, 나사못

도안

실물 도안 별지

1 · 원단 재단과 재료 준비하기

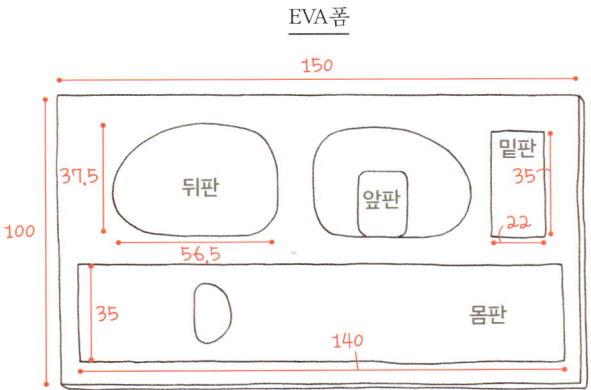

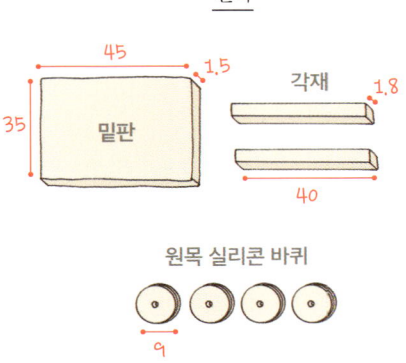

프레임 재단 : EVA폼 위에 패턴을 대고 그린 후, 완성선을 따라 재단합니다.

* EVA폼은 1m × 1.5m의 규격 사이즈로 제작되므로 부득이하게 몸판과 밑판을 나누어 재단했으나, 원단의 몸판 재단은 몸판에 밑판 패턴을 더한 값으로, 그림에서 제시한 사이즈에 맞춰 재단합니다.

원목 가공 : 그림에서 제시한 사이즈에 맞춰 원목 상판과 각재, 원목 바퀴를 주문합니다.

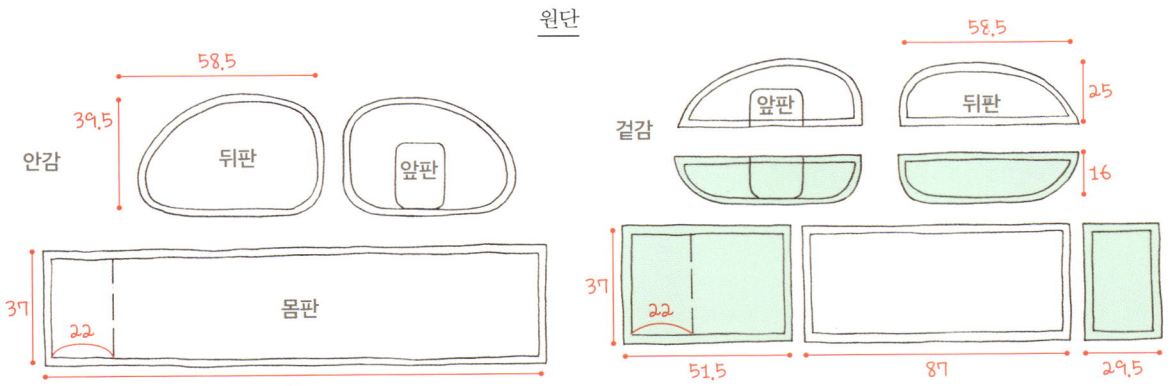

원단 재단 : 원단 위에 패턴을 대고 그린 후, 시접 1cm를 주고 재단합니다. 이때 입구와 창문은 재단하지 않습니다.

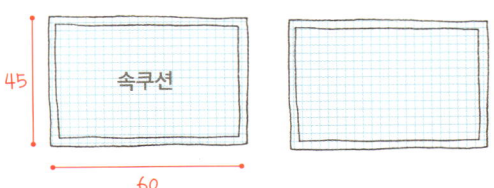

2 바느질하기

🐾 앞판, 뒤판 만들기

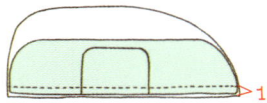

01 앞판의 겉감 윗부분과 아랫부분의 원단을 겉이 마주보도록 포갠 후, 시접 1cm를 주고 박음질합니다.

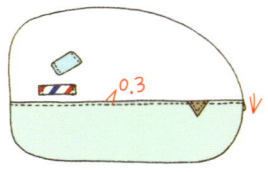

02 원단을 펼치고 시접은 아래로 꺾은 후, 겉에서 상침합니다. 이때 원하는 라벨이나 장식물을 자유롭게 배치하고 부착합니다.

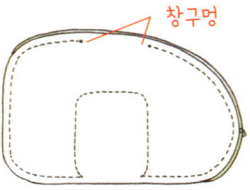

03 위 과정에서 완성된 앞판 겉감의 겉면 위로 안감의 겉면을 서로 마주보도록 포갠 후, 창구멍을 남기고 입구를 포함한 둘레 전체를 박음질합니다.

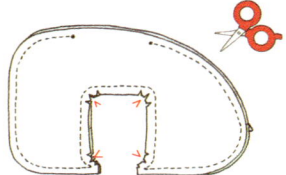

04 입구는 시접 1cm를 남기고 재단하고, 굴곡진 모서리는 가위집을 내줍니다.

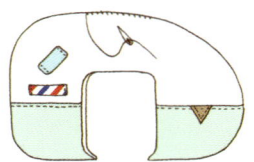

05 창구멍으로 원단을 뒤집고 EVA 폼을 넣어 모양을 잘 펴준 뒤, 창구멍은 공그르기로 막아줍니다. 뒤판 역시 같은 방법으로 완성합니다.

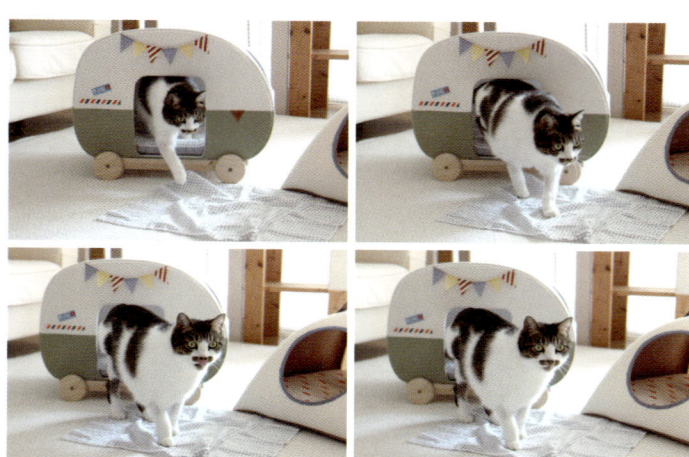

몸판 만들기

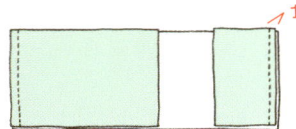

01 몸판 겉감의 겉면 위로 배색 원단의 겉면이 마주보도록 포갠 후, 양 끝단을 박음질합니다.

02 원단을 펼친 후, 시접은 배색 원단 쪽을 향하도록 꺾고 상침 합니다.

03 완성된 몸판 겉감의 겉면 위로 안감의 겉면이 서로 맞닿도록 포갠 후, 양쪽 끝단에 창구멍을 내주고 둘레 전체를 박음질합니다. 모서리는 시접 0.3cm를 남기고 잘라줍니다.

04 창구멍으로 원단을 뒤집고, 배색 원단의 긴 쪽의 끝에서 길이 22cm 되는 지점을 박음질합니다.

05 양쪽의 창구멍을 통해 미리 재단해 둔 밑판과 몸판의 EVA폼을 넣어주고 창구멍은 공그르기 합니다.

06 몸판의 창문은 시접 1cm를 남기고 재단한 뒤, 창문 둘레에 가위집을 내 줍니다.

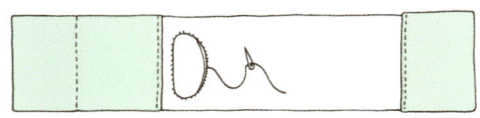

07 창문의 시접을 1cm 안으로 접고 창문 전체를 공그르기로 마감합니다.

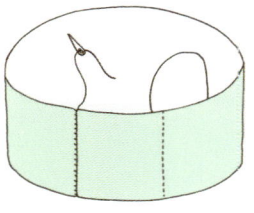

08 몸판을 둥글게 말고 양쪽 끝단을 공그르기로 이어줍니다.

● 몸판에 앞판, 뒤판 연결하기

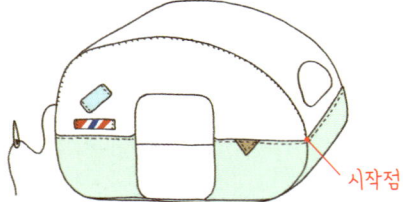

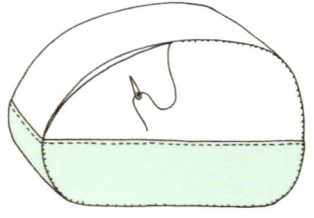

01 몸판에 앞판을 끼우고, 배색 원단이 서로 만나는 지점을 시작으로 공그르기로 둘레 전체를 이어줍니다.

02 같은 방법으로 몸판과 뒤판도 이어줍니다.

● 쿠션 만들기

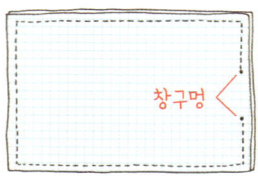

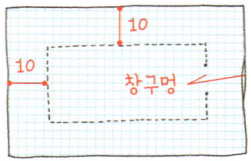

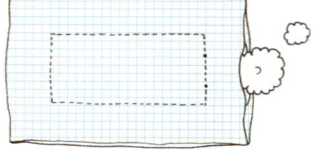

01 쿠션의 겉감과 안감을 서로 겉이 맞닿도록 포갠 후, 창구멍을 남기고 박음질합니다.

02 창구멍으로 원단을 뒤집고 모양을 잘 펴준 뒤, 원단의 중앙에 직사각형을 그리고 창구멍을 남기고 박음질합니다.

03 창구멍을 통해 안쪽 사각형과 겉 사각형에 차례로 방울솜을 채우고, 작은 사각형의 창구멍은 촘촘한 홈질로 막아주고 큰 사각형의 창구멍은 공그르기로 막아줍니다.

3 마무리하기

🐱 원목 프레임 만들기

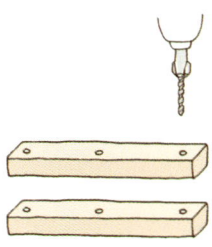

01 전동드릴을 이용해서 각재의 표시된 곳에 나사못 구멍을 뚫어줍니다.

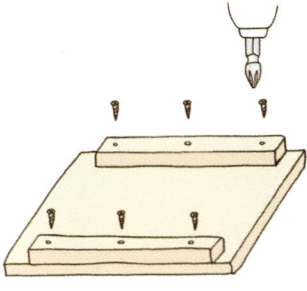

02 판재 위에 각재를 놓고 구멍에 맞춰 나사못으로 고정합니다.

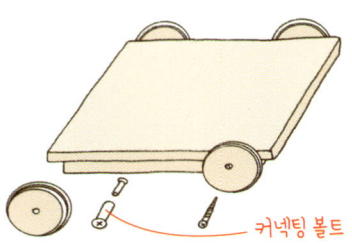

커넥팅 볼트

03 판재를 뒤집고 각재의 측면 중앙에 나사못으로 원목 바퀴를 고정합니다. 또는 각재 측면에 구멍(지름 0.6cm)을 낸 후, 구멍에 커넥팅 볼트를 끼워 바퀴를 고정하는 방법도 있습니다.

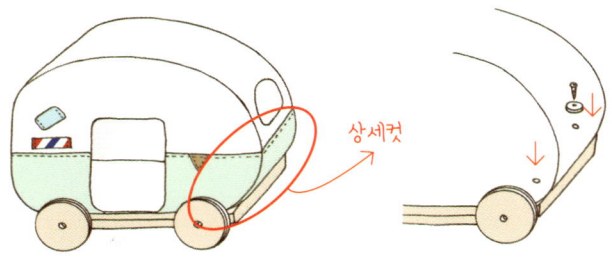

상세컷

04 원목 상판 위에 카라반을 얹어주거나, 또는 나사못으로 고정합니다.

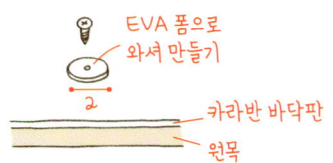

EVA 폼으로 와셔 만들기

카라반 바닥판

원목

카라반 고정 방법
송곳으로 카라반 밑판의 4군데에 구멍을 내줍니다. 나사못을 지름 2cm EVA폼(와셔 역할)에 끼우고 구멍 낸 카라반 밑판을 통과시켜 원목에 고정합니다.

옐로 퍼들 원목 소파

노란 쿠션이 안락함을 더해주는 옐로 퍼들 원목 소파입니다.
소파 바닥 쿠션에 오목한 홈이 있어 고양이가 누웠을 때 안정감을 느낄 수 있고,
디자인에 비해 비교적 수월하게 만들 수 있는 소파예요.
미니멀한 고양이 소파는 어느 곳에 배치해도 자연스러운 조화를 이루며
고양이의 휴식공간이자 집안의 귀여운 소품이 되어줄 거예요.

🐱 **완성 사이즈** 가로 72cm, 세로 55cm, 높이 50cm

How to Make

재료

패브릭 소파
- 앞판, 뒤판 : 머스타드 20수 옥스퍼드 원단(112x87cm) 2장

원목 프레임
- 바닥판 : 레드 파인 집성목
  (두께 1.8cm, 길이 72cm x 폭 55cm) 1개
- 등받이 : 레드 파인 집성목
  (두께 1.8cm, 길이 72cm x 폭 14cm) 1개
- 옆판 : 레드 파인 집성목
  (두께 1.8cm, 길이 53.2cm x 폭 14cm) 2개
- 다리 : 원목 원뿔다리(길이 16.6cm) 4개

부재료
파이핑(두께 5mm) 5마, 방울솜, 라벨 1개, 목공본드, 목공용 나사못 여러 개(길이 25mm)

도안

실물 도안 별지

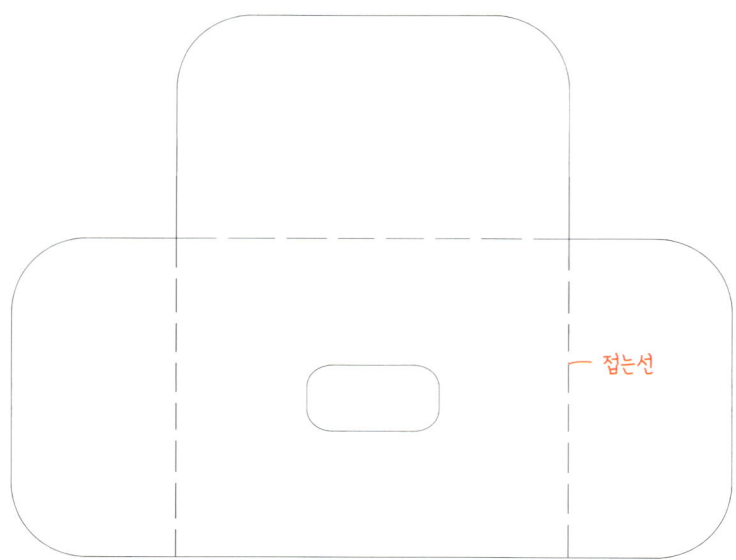

접는선

1 ▸ 재단하기

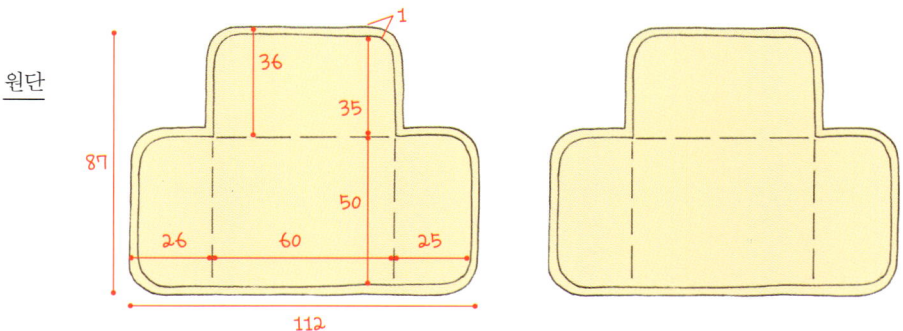

원단 : 원단의 안쪽 면에 패턴을 대고 그린 뒤, 시접 1cm를 주고 재단합니다.

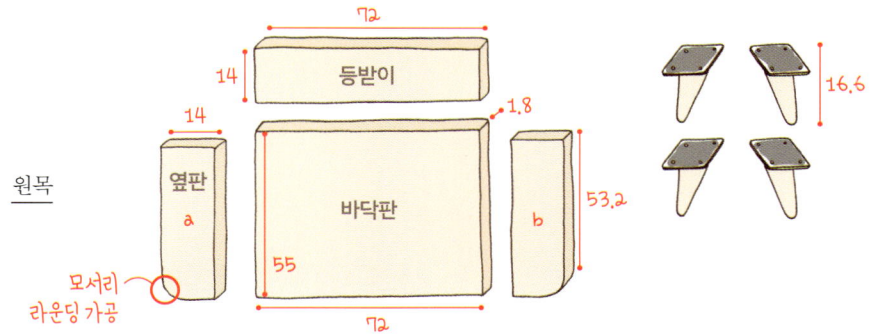

원목 : 원목은 제시한 사이즈에 맞춰 재단 주문합니다. 원목 옆판은 제시한 사이즈에 맞춰 주문하고 추가 가공으로 모서리 한쪽만 라운드 커팅 가공합니다.

2. 바느질하기

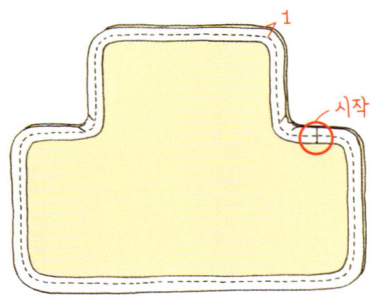
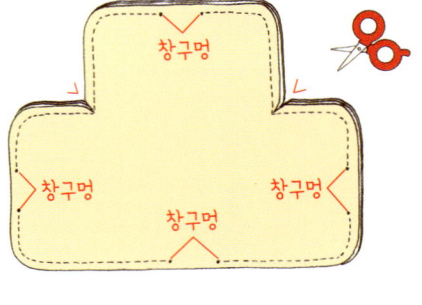

01 소파 원단 앞판의 겉면이 위를 향하도록 펼치고 시접 둘레 전체에 박음질로 파이핑을 달아줍니다. 파이핑의 시작점은 소파를 접었을 때, 외관에서 보이지 않는 곳에서부터 시작합니다.

02 앞판의 겉과 뒤판의 겉면이 서로 마주보도록 포개고, 그림과 같은 위치에 4개의 창구멍을 남기고 둘레 전체를 박음질 한 후, 소파의 굴곡진 곳에 가위집을 내줍니다.

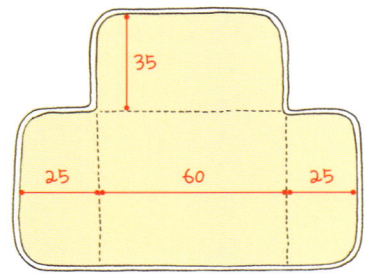
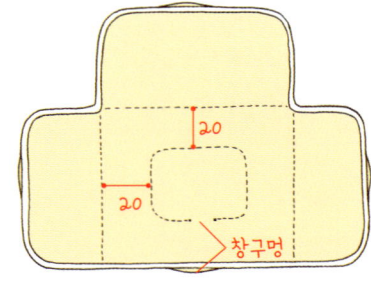

03 창구멍으로 원단을 뒤집고 모양을 잘 정리한 후, 밑판의 경계선을 박음질합니다.

04 밑판에 그림과 같은 위치에 모서리가 둥근 사각형을 그린 후, 창구멍을 남기고 사각형 둘레를 박음질합니다. 이때 작은 사각형의 창구멍 위치는 밑판의 창구멍의 위치와 일치 시킵니다.

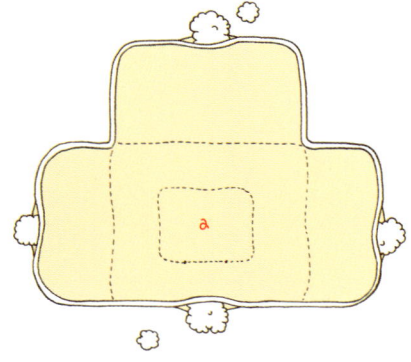
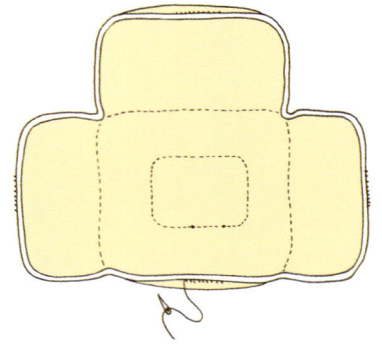

05 작은 사각형(a)에 창구멍으로 소량의 솜을 넣어준 뒤, 창구멍은 박음질 또는 촘촘한 홈질로 마감합니다. 등받이와 옆판, 밑판 전체에 방울솜을 빽빽이 채워줍니다.

06 창구멍 모두 공그르기로 막아줍니다.

3 ▸ 원목 프레임 만들기

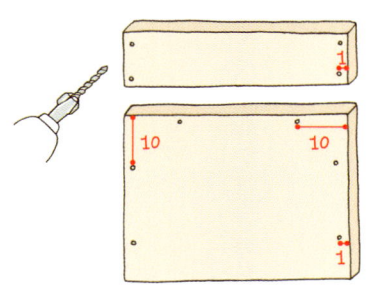

01 원목 바닥판과 등받이의 뒤판이 위를 향하도록 놓고 그림과 같은 위치에 전동드릴로 나사 구멍을 뚫어줍니다.

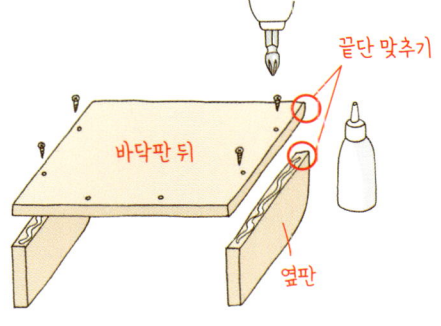

02 옆판은 라운딩 모서리가 아래를 향하도록 세운 후, 측면에 목공본드를 얇게 바르고 바닥판을 옆판 위에 올려줍니다. 목공본드가 완전히 마르면 나사못으로 바닥판과 옆판을 고정합니다.

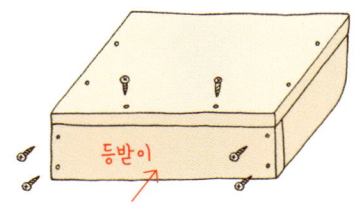

03 등받이의 측면에도 목공본드를 바르고 밑판과 옆판에 붙여줍니다. 목공본드가 완전히 마른 후 나사못으로 밑판과 옆판에 등받이를 고정합니다.

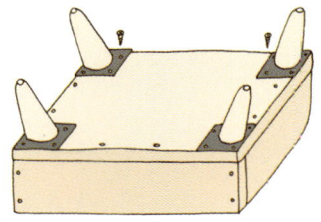

04 바닥판 모서리에 원뿔다리를 나사못으로 부착합니다(나사못 길이 1.8cm 미만 사용).

4 ▸ 마무리하기

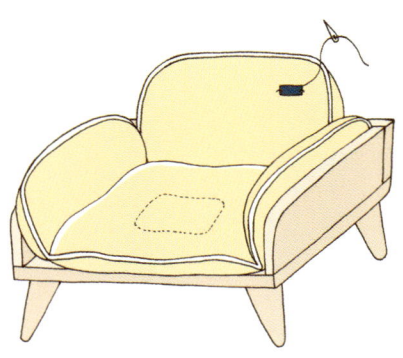

원목 프레임 위에 패브릭 소파를 올리고 등받이의 코너에 라벨을 달아 장식합니다.

면 로프 매트

고양이를 위한 스크래처를 만들 때 많이 사용되는 면 로프!
고양이에게 친숙한 느낌의 면 로프로 생활 매트를 만들어주세요.
면 로프를 규칙적으로 반복 교차하면 뜨개질을 한 듯,
올록볼록한 조직감이 독특한 매트를 만들 수 있어요.
스크래처 대신이나 맨 바닥이 싫은 고양이에게 선물하세요.

🐱 **완성 사이즈** 가로 56cm, 세로 42cm

How to Make

재료

면로프(두께 6.5mm) 1묶음(길이 800cm)
바이어스(폭 8cm, 길이 60cm) 2개, (폭 8cm, 길이 46cm) 2개

만들기

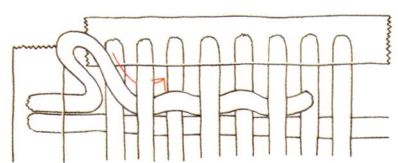

01 면로프를 길이 50cm로 40개, 길이 70cm로 30개를 절단하여 준비합니다(원하는 사이즈에 따라 면로프의 개수를 자유롭게 줄이거나 늘리도록 합니다).

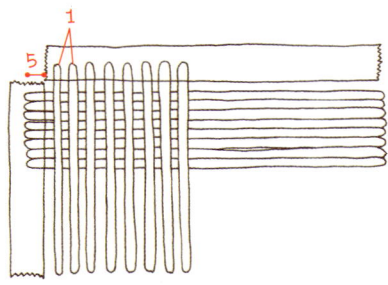

02 넓은 테이블 위에 그림과 같이 면로프를 짧은 줄(50cm)은 세로로, 긴 줄(70cm)은 가로로 평평하게 배열합니다. 세로 배열의 줄 간격은 1cm의 여유를 주고, 가로 배열의 줄 간격은 여유 없이 배열한 뒤, 면 로프 상단의 여유분의 줄은 투명 테이프를 붙여 테이블에 고정합니다.

03 첫 번째 가로줄을 빼서 세로줄 사이를 지그재그로 교차 시켜 줄을 꿰어줍니다.

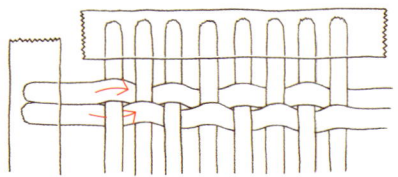

04 두 번째 가로줄 시작점은 첫번째 가로줄의 시작점과 반대로 줄을 꿰어 지그재그로 교차시킵니다. 나머지 줄 모두 이 과정을 반복하여 줄을 모두 면으로 만들어줍니다.

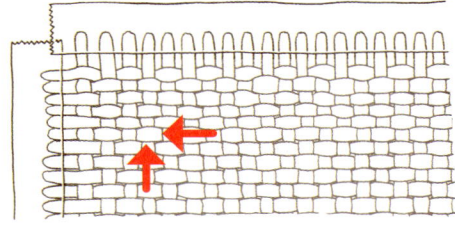

05 기준점 방향으로 세로줄과 가로줄의 교차점을 손가락으로 당겨가며 모양을 바로잡아 조직을 촘촘하게 만들어줍니다.

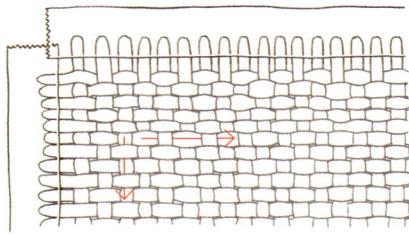

06 면 로프로 어느 정도 면을 만든 후, 가로줄과 세로줄을 하나씩 잡아당겨 늘어진 줄을 팽팽하게 만들어줍니다(꼬임이 있는 면 로프가 줄을 꿰는 과정에서 꼬임이 풀어지면서 줄이 늘어납니다).

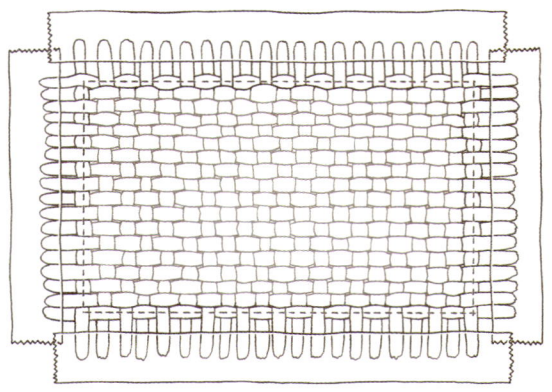

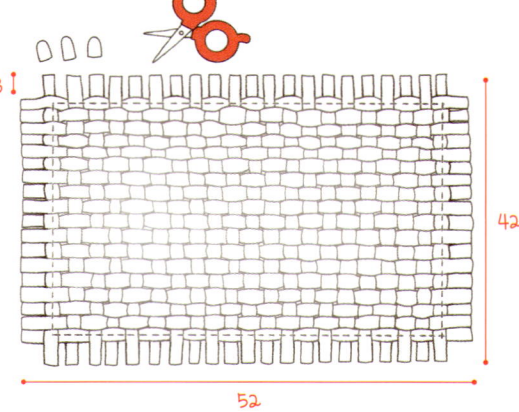

07 면 로프의 모양이 흐트러지지 않도록 4면의 줄 여유분에 투명 테이프를 붙인 후, 4면의 맨 가장자리 교차점의 행과 열을 박음질 또는 촘촘한 홈질로 바느질하여 세로줄과 가로줄을 고정합니다.

08 면로프의 여유분은 길이 3cm를 남기고 재단합니다.

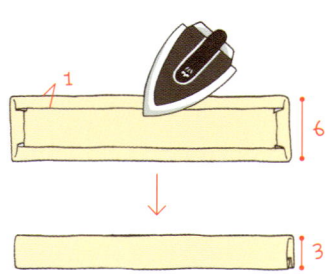

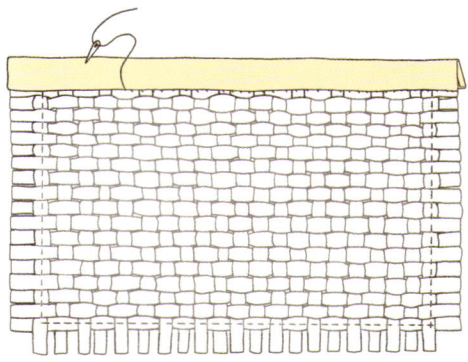

09 폭 8cm 바이어스의 양쪽 시접을 1cm 접어 다리고, 다시 양 끝단을 1cm 접어서 다린 후, 바이어스를 반으로 접어 다림질합니다. 같은 방법으로 바이어스 3개를 더 만듭니다.

10 바이어스를 매트에 끼우고 공그르기로 바이어스와 매트를 연결합니다.

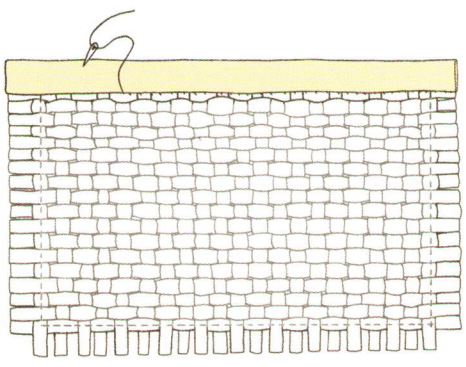
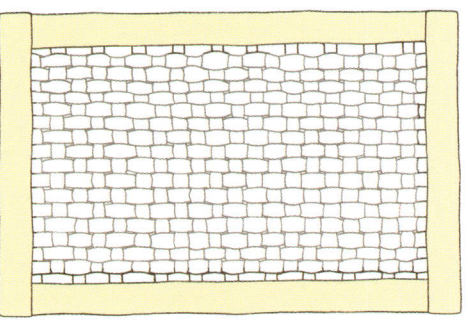

11 매트를 뒤집고 바이어스 양 끝단부터 공그르기 합니다.

12 같은 방법으로 4면을 모두 바이어스 처리합니다.

실물 도안

낚싯대 정리 포켓
—
p72

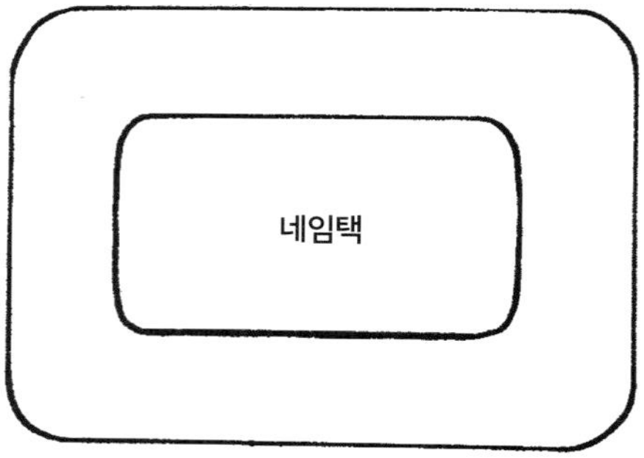

네임택

고양이 똥꼬 캣닢 인형
—
p.40

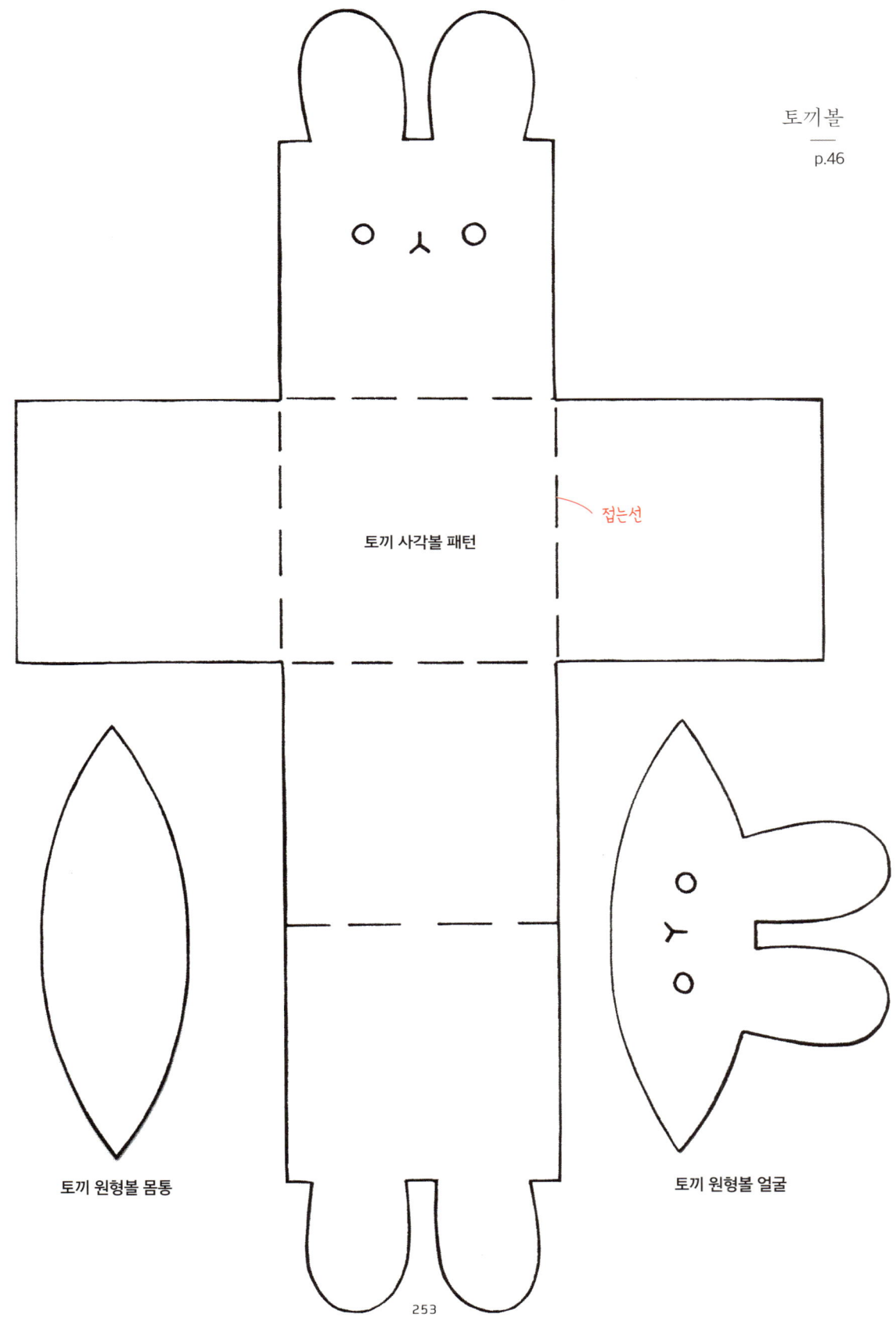

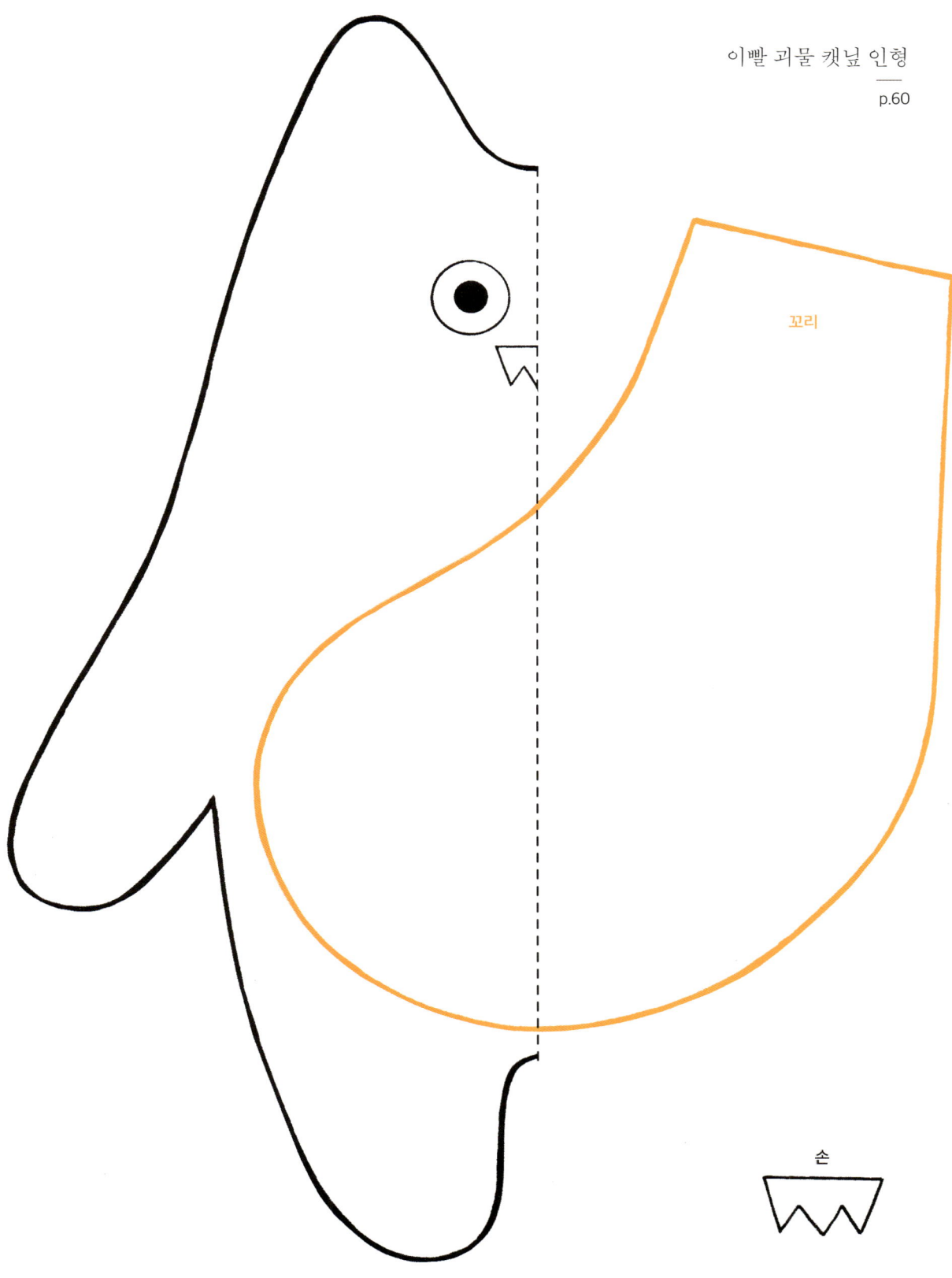

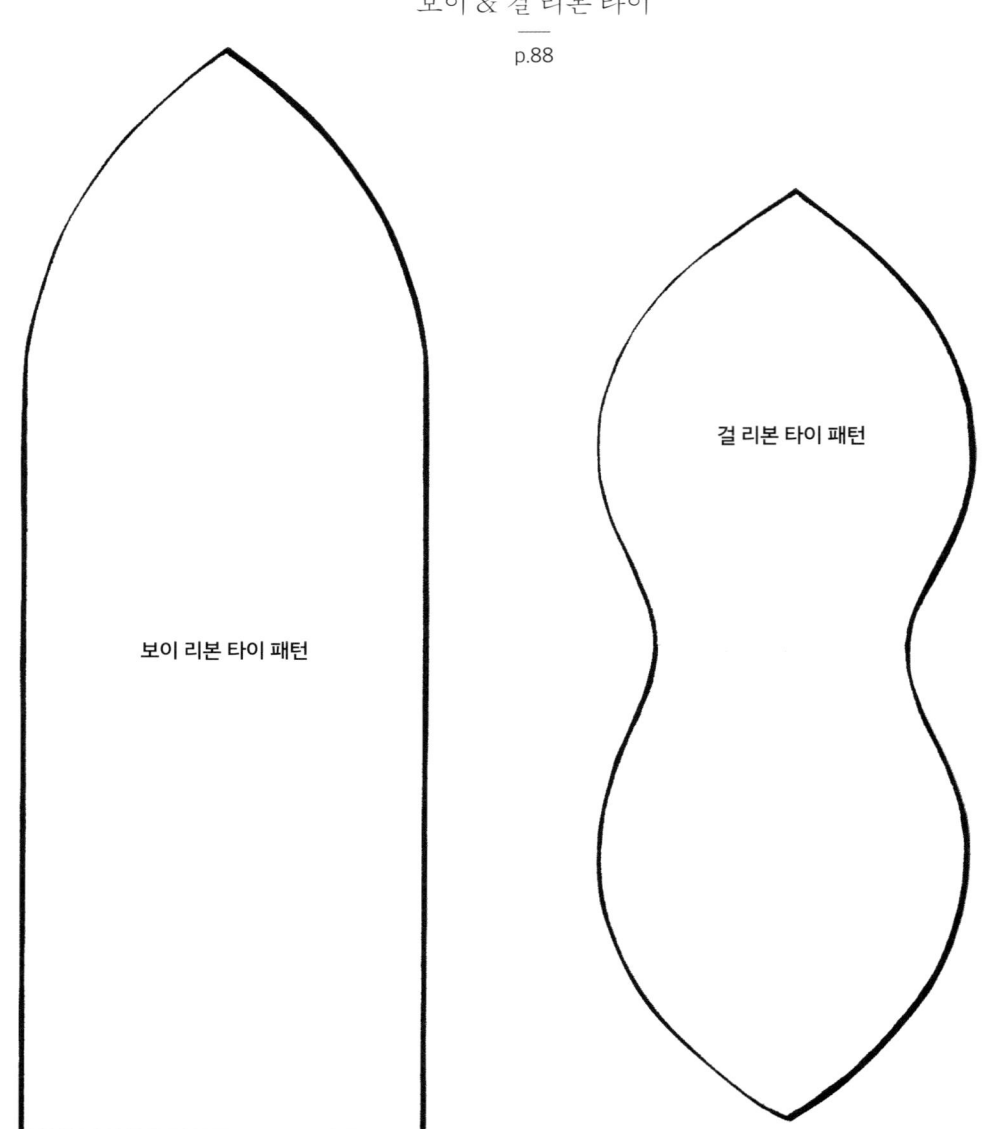

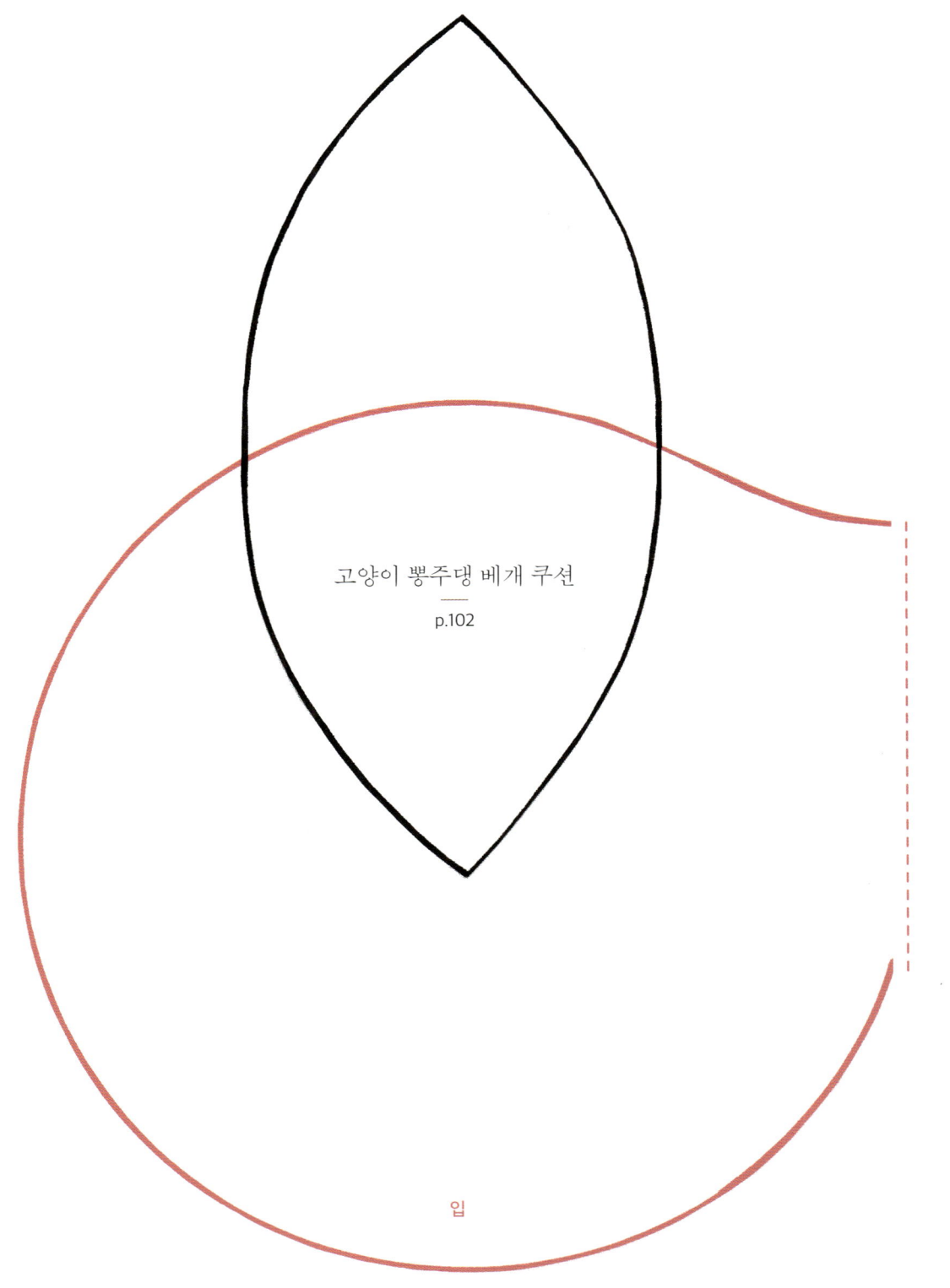

고양이 뽕주댕 베개 쿠션

p.102

입

우산 캐노피
p.140

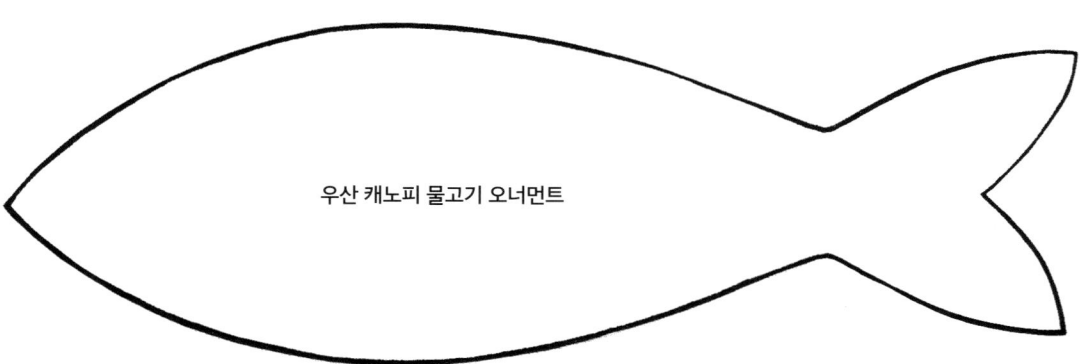

우산 캐노피 물고기 오너먼트

와이어 캣 텐트
p.196

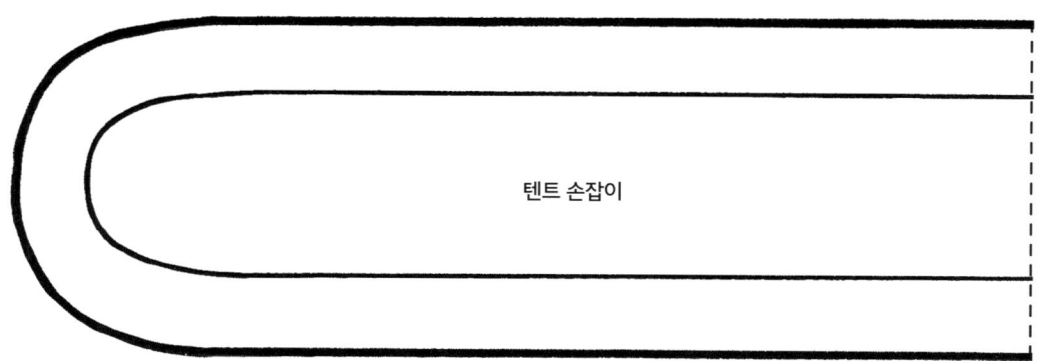

텐트 손잡이

티피 텐트
p.202

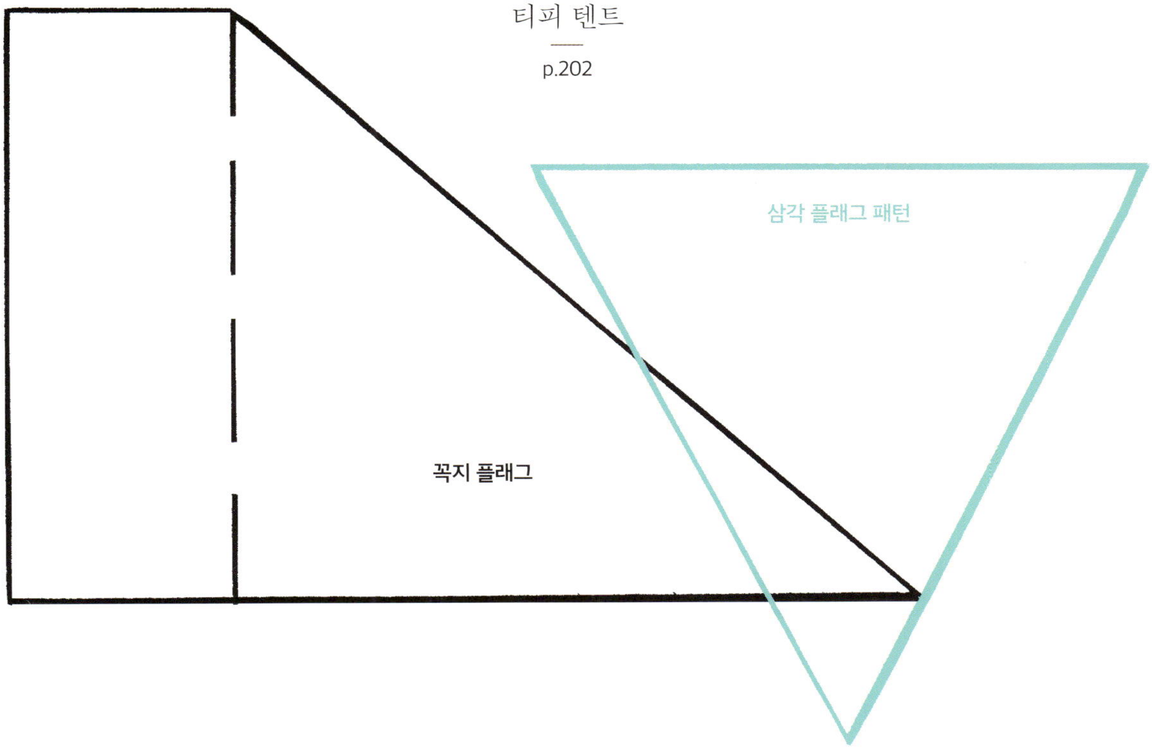

삼각 플래그 패턴

꼭지 플래그

물방울 하우스
p.210

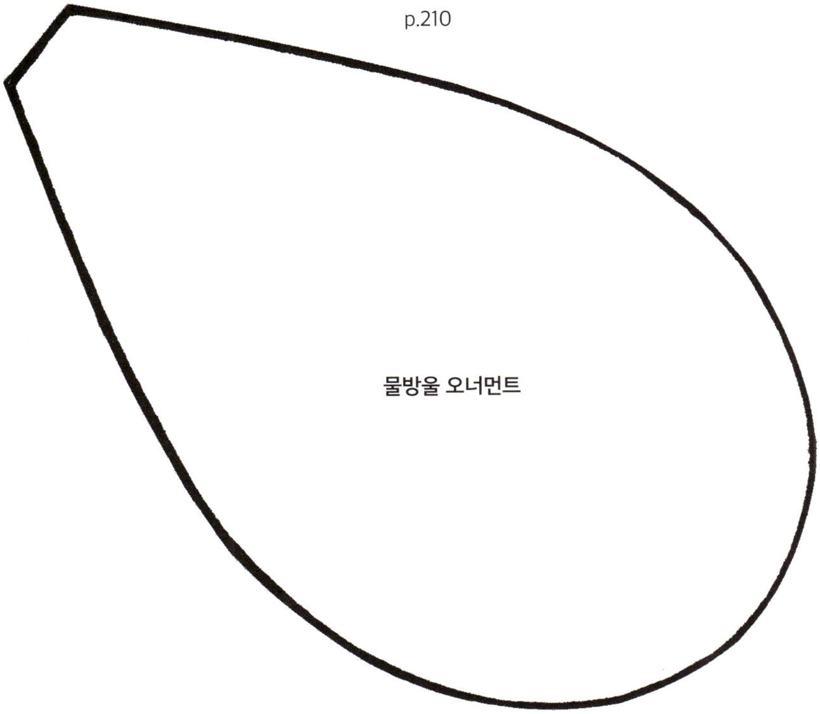

물방울 오너먼트

고로롱고로롱
고양이를 위한
소품 만들기

초판 1쇄 발행 2018년 2월 5일

지은이 김민
펴낸이 이지은
펴낸곳 팜파스
기획·진행 이진아
편집 정은아
디자인 박진희
마케팅 정우룡
인쇄 (주)미광원색사

출판등록 2002년 12월 30일 제10-2536호
주소 서울시 마포구 어울마당로5길 18 팜파스빌딩 2층
대표전화 02-335-3681 | **팩스** 02-335-3743
홈페이지 www.pampasbook.com | blog.naver.com/pampasbook
이메일 pampas@pampasbook.com | pampasbook@naver.com

값 18,000원
ISBN 979-11-7026-192-6 13590

ⓒ 2018, 김민

- 이 책의 일부 내용을 인용하거나 발췌하려면 반드시 저작권자의 동의를 얻어야 합니다.
- 잘못된 책은 바꿔 드립니다.

이 책에 나오는 작품 및 일러스트는 저자의 소중한 작품입니다.
작품에 대한 저작권은 저자에게 있으며 2차 수정·도용·상업적 용도의 사용을 금합니다.

이 도서의 국립중앙도서관 출판예정도서목록(CIP)은 서지정보유통지원시스템 홈페이지
(http://seoji.nl.go.kr)와 국가자료공동목록시스템(http://www.nl.go.kr/kolisnet)에서
이용하실 수 있습니다.(CIP제어번호: CIP2018001485)